- 基于综合实践活动的生涯教育系列丛书
- 重庆市普通高中教育教学改革研究重大课题（2019CQJWG）
- 重庆市普通高中教育教学改革研究重点课题（2017CQJWGZ2046）成果
- 重庆市教育委员会批准精品选修课程"3D打印与桥梁设计"成果
- 重庆市首批中小学"支点"创新实验室成果

3D 打印与桥梁设计

总主编 ◎ 欧　健

主　编 ◎ 付晓妮　来　泽

西南大学出版社

国家一级出版社　全国百佳图书出版单位

图书在版编目(CIP)数据

3D打印与桥梁设计 / 付晓妮,来泽主编. -- 重庆：西南大学出版社, 2023.10
（附中文丛）
ISBN 978-7-5697-2002-0

Ⅰ.①3… Ⅱ.①付…②来… Ⅲ.①快速成型技术–应用–桥梁设计–青少年读物 Ⅳ.①U442.5-49

中国国家版本馆CIP数据核字（2023）第201929号

3D打印与桥梁设计
3D DAYIN YU QIAOLIANG SHEJI

主　编　付晓妮　来　泽

责任编辑：张　庆　李　俊
责任校对：李　勇
装帧设计：闰江文化
排　　版：王　兴
出版发行：西南大学出版社（原西南师范大学出版社）
　　　　　地址：重庆市北碚区天生路2号
　　　　　邮编：400715
印　　刷：重庆市圣立印刷有限公司
成品尺寸：185 mm×260 mm
印　　张：6
字　　数：110千字
版　　次：2023年10月　第1版
印　　次：2023年10月　第1次印刷
书　　号：ISBN 978-7-5697-2002-0
定　　价：16.80元

编审委员会

总顾问： 宋乃庆

主　任： 欧　健

副主任： 刘沏雪　梁学友　黄仕友　彭红军　张　勇　徐　川
　　　　　崔建萍　卓忠越　陈　铎

委　员： 冯亚东　秦　耕　李海涛　李流芳　曾志新　王一波
　　　　　张爱明　张万国　龙万明　涂登熬　刘芝花　常　山
　　　　　范　伟　李正吉　吴丹丹　蒋邦龙　郑　举　李　越
　　　　　林艳华　李朝彬　申佳鑫　杨泽新　向　颢　赵一旻
　　　　　马　钊　张　宏　罗雅南　潘玉斌　秦绪宝　罗　键
　　　　　付新民　张兵娟　范林佳

编写委员会

总　主　编： 欧　健

本 册 主 编： 付晓妮　来　泽

本册副主编： 冉秋霞　段志勇　黄仕友

编　写　者： 潘玉斌　唐　诗　杨文谦　王　鑫
　　　　　　　蔡治成　谭崇东　屈奕池　童　意

总序一

新高考改革,出发点就是让学生拥有自主选择、自我负责的学习权。此种导向要求中学进行育人方式的变革,为学生开设生涯教育的课程,给予学生人生规划的指导,引导学生认知自己,明确自己的兴趣、性格、优势、价值取向,让学生以此为基础认识外界,更好地为自己设立生涯目标,并根据已拥有的资源规划实现目标。"遇见最美的自己"——基于综合实践活动的生涯教育系列教材,正是西南大学附属中学先于国家政策试点,通过不懈的实践探索,收获的基于综合实践活动推进生涯教育的特色研究成果。

如何通过生涯规划课程的学习引导学生学会自主选择,这一重要议题为我国教育改革与发展开拓了一个新的领域。"遇见最美的自己"——基于综合实践活动的生涯教育系列教材,从实践的角度架构了基于综合实践活动的生涯教育的基本框架,为服务于学生生成发展的育人模式的构建、学校教育品质的提升和学校实践改革的推进提供了重要启示,研究具有开拓意义。

第一,该套教材的目标定位和内容选择,是以"助学生找到人生方向"为根本宗旨,贯穿初高中,培养个体人生规划意识与技能,指导学生学会学习、学会选择,在充分认识自我和理解社会的基础上,平衡个人发展和社会发展的需求,初步设计合理的人生发展路径,促进个体生涯发展活动,提升生涯素养。

第二,教材的设计与安排,坚守"学生是学习与发展的主体"这一根本理念,不仅初高中分阶段相互衔接,进行了一体化设计,更重要的是通过活动为学生搭建主动选择的平台,以研究性学习、社区服务、社会实践、研学旅行、设计制作、职业体验等综合实践活动为载体,引导学生在活动中明确人生奋斗目标并激发生涯学习动力,而不是简单地为学生提供品类繁多的"超市商品"让学生选择。

第三,学校还开发了《传统武术奠基康勇人生》《食育与健康生活》《生物实践与创意生活》《数学视角看生活经济》《水科技与可持续发展》《乡土地理和家国情怀》等配套教材,结合校内外的学习实践和生活实践,将基于综合实践活动的生涯教育理论渗透到学科课程中,为学生生涯发展提供重要教育平台和资源,弥补学生社会经历缺乏、生活经验不足、实践体验机会太少等生涯教育短板,促进生涯教育过程性和动态性发展。主体教材和辅助教材相辅相助,将生涯教育和综合实践活动有效融合,让学生在沉浸式的体验中感知自己、认知职业、畅想未来。

第四,教材贴近学生,语言平实生动,联系初高中生活学习实际,通俗易懂;图文并茂,既有趣味的活动设计,又有学生实践的光影记录,观之可亲。学生可从课堂内的探索活动、课堂外的校本实践中深刻体验生涯力量,还可在教师的引导下从活动链接中习得生涯领域的重要概念及理论,为未来的生涯发展做好积累。

总体而言,整套教材以综合实践活动为基础,融入学科课程和劳动教育,以提升学生生涯规划能力为目的,不断强化适合生涯发展的认知能力、合作能力、创新能力、职业能力,力图帮助学生适应并服务于社会,获得终身学习、终身幸福的能力。

教书育人在细微处,学生成长在实践中。本套教材的出版,将丰富生涯教育的承载形式,为中小学开展并落实基于综合实践活动的生涯教育提供可借鉴的案例,有效加强中学生生涯教育,促进学生全面发展、终身发展和个性发展。希望广大学生也可以像西大附中学生一样"在最适合的时候遇到最美的自己",希望更多的学校像西大附中一样"为学生一生的生涯幸福奠基,让他们成长为自己满意的样子"。

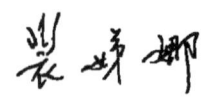

裴娣娜

(北京师范大学资深教授,博士生导师,当代教育名家,
中国课程与教学论领军人物,全国教学论专业委员会主任)

总序二

寒来暑往,西南大学附属中学在生涯教育这片热土上已躬耕二十余年。多年实践让我们相信,学校的课程、活动、校本教材都应回到问题的原点:什么是教育?

教育,是将自然人培养成社会人的过程,是帮助每一个孩子认识自己、发现自己,让他既能成长为自己心中最美的样子,又能符合国家、社会对人才的需求。

因此,我们希望实现这样一种生涯教育:让学生有智慧地参与综合实践活动,从活动中生发智慧;让学生有德性地参与综合实践活动,在活动中完善德性;让学生带着对美的追求参与到活动中,在活动中提升创造美的能力。一个拥有智慧与德性、能够欣赏美创造美的个体,定然能够在瞬息万变的世界里立定脚跟,也能够在喧喧嚷嚷中细心呵护一枝蔷薇。

秉持这样的理念,我们编写了"遇见最美的自己"——基于综合实践活动的生涯教育系列教材,着力帮助学生更好地适应未来不同阶段的身份、角色。希望学习此书的孩子们,不必因为不懂自己、不明环境、不会选择而错失遇见最美自己的机会。请打开这些书,热情地投入到探索活动中,感知自己的心跳起伏,喜恶悲欣;细细品读每个生涯故事,观察他人的生活,触碰更多可能;更要在校本实践中交流碰撞,磨砺成长……这些书将是孩子们生涯成长路上的小伙伴,陪在身旁,给予力量。希望大家从此学会学习,学会选择,学会生活。

基于综合实践活动的生涯教育是为幸福人生奠基的教育。我相信,当每一个个体恰如其分地成长为自己所喜欢的样子,拥有人生幸福的能力,就同样能为他人带来幸福,为社会创造福祉,为国家幸福而不断奋斗!

欧健

(教育博士,正高级教师,西南大学附属中学党委书记、校长)

前言

PREFACE

在经济发展全球化的大背景下,制造业在快速发展的过程中,不断地汲取各种技术研究成果的养分,并与计算机、信息、自动化、材料、化学、生物及现代管理等学科相融合,使传统意义上的制造技术有了质的飞跃,形成了先进制造技术的新体系。

《3D打印与桥梁设计》一书介绍了3D打印、3D建模涉及的前沿技术和科技成果,并通过实践操作培养学生的创造思维和设计能力。本书在编写过程中力求体现理论结合桥梁设计的特色,并注重新技术的普及与推广。《3D打印与桥梁设计》立足于学生对重庆"桥都"的桥进行实践、观察、研究,再利用3D打印将学生头脑中关于桥的创意、创新、创造更加规范、科学、严谨地表现出来。

本书由西南大学附属中学校"3D打印与桥梁设计"课程开发组七位老师共同编写,内容分为16课时,涉及3D打印、3D建模、结构设计、桥梁知识等。

本书适用于对3D打印感兴趣的高中生。希望学生能通过对本课程的学习,丰富3D建模、结构设计等方面的知识。

目录 CONTENTS

第一章　走近3D打印 ·················· **001**

　　第 *1* 节　介绍3D打印 ················ 003
　　第 *2* 节　3D打印详解与应用 ·········· 007
　　第 *3* 节　3D打印材料分析 ············ 010
　　第 *4* 节　3D打印机的操作及调试 ······ 015

第二章　3D扫描技术 ·················· **023**

　　第 *1* 节　3D扫描仪 ················· 025
　　第 *2* 节　3D扫描的应用 ············· 028

第三章　初识3D建模 ·················· **031**

　　第 *1* 节　初识3D建模软件 ············ 033
　　第 *2* 节　3D One 图形交互 ··········· 038

第 3 节　基本几何体的组合方法 ………042

第 4 节　草图绘制3D模型 ………048

第四章　小小设计师 ………059

第 1 节　鲁班锁的制作 ………061

第 2 节　创意手机支架设计 ………063

第五章　桥梁设计师 ………067

第 1 节　认识桥都文化 ………069

第 2 节　桥梁结构知识 ………074

第 3 节　简单的承重结构的制作 ………078

第 4 节　桥梁设计 ………080

第一章

走近3D打印

第1节

介绍3D打印

一、3D打印的发展

提起3D打印,大部分人认为这是一项新的技术,其实不然。如果回顾3D打印的发展历程,那么最早可以追溯到19世纪末。由于受到两次工业革命的刺激,在18至19世纪,欧美国家的商品经济得到了飞速发展,为了满足科研探索和产品设计的需求,快速成型技术便从这一时期开始萌芽。

1892年,美国登记了一项采用层合方法制作三维地图模型的专利技术。

1979年,日本东京大学生产技术研究所的中川威雄教授发明了叠层模型造型法。

1980年,日本提出了光造型法。

1988年,美国发明了一种新的打印技术——熔融沉积成型。该工艺适合于产品的概念建模、形状和功能测试,不适合制造大型零件。

1989年,美国发明了选择性激光烧结技术,这种技术的特点是选材范围广泛,比如尼龙、石蜡、ABS塑料、金属和陶瓷粉末等都可以作为原材料。

1992年,美国Helisys公司推出第一台商业机Lom-1015,成功将分层实体制造技术商业化。

> 在1995年之前,还没有3D打印这个名称,那时比较被研究领域所接受的名称是"快速成型"。

1995年,美国麻省理工学院创造了"3D打印"一词,将他们改装的打印机称作3D打印机。此后,3D打印一词慢慢流行,所有的快速成型技术都归到3D打印的麾下。

2001年,第一代桌面级3D打印机面世。

2009年,Bre Pettis带领团队创立了著名的桌面级3D打印机公司——MakerBot。

2012年,英国著名的经济学杂志 The Economist 一篇关于第三次工业革命的文章掀起了新一轮的3D打印浪潮。

二、3D打印是什么

3D打印是一种新的快速成型方式。它是以数字模型文件为基础,运用金属粉末、陶瓷粉末、塑料、细胞组织等可黏合或可凝固材料,通过一层一层打印的方式直接制造三维立体实体产品的技术。顾名思义,3D打印就是通过一点点增加材料,堆叠成一个想要的物件。(图1-1-1至图1-1-5)

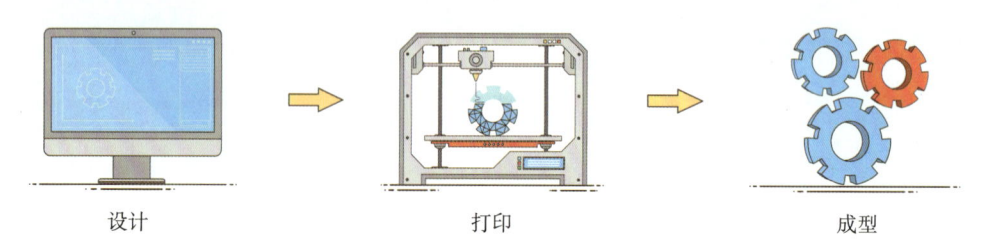

设计　　　打印　　　成型

图1-1-1　3D打印机的打印过程

图1-1-2　儿童3D打印机

图 1-1-3　借助 3D 软件实现 3D 打印

图 1-1-4　现代 3D 打印

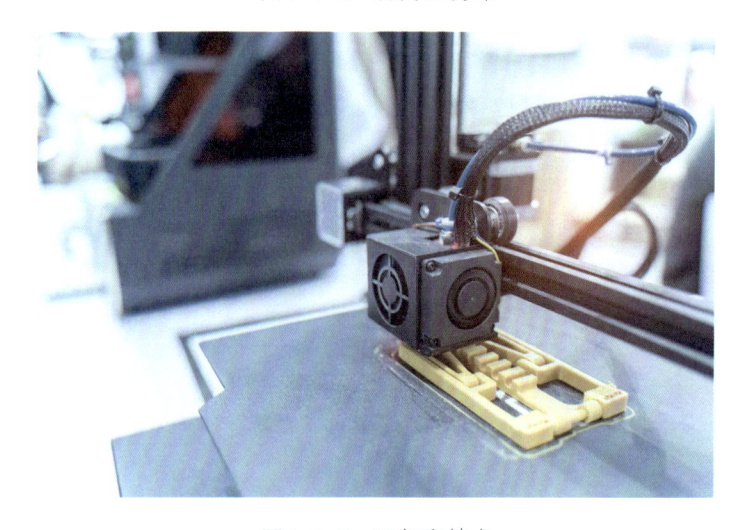

图 1-1-5　3D 打印技术

3D打印是一种有别于传统制造的智能制造方式,具有以下四个方面的特征。

(1)全新的制造技术:3D打印可以使用塑料、尼龙、金属、陶瓷、橡胶等材料,将设计好的3D模型,通过层层叠加的方式转变成实物,而无须借助其他制造工具和复杂的制造工艺。

(2)应用领域广泛:3D打印已广泛应用于产品开发、建筑设计、汽车船舶、航空航天、教育文化等领域,在珠宝、鞋类、服饰等与生活息息相关的领域也有所应用,预计将来会应用到更多的领域。

(3)效率高:3D打印提高了产品的生产效率,减少了原材料和能源的消耗。

(4)适用群体广:未来的消费者需求更加个性化,制造业将从现在的大规模生产转向个性化定制。3D打印让每个人都可以轻松制造产品,任意定制想要的东西。

> 物体成型的方式主要有以下四类:减材成型、受压成型、增材成型、生长成型。
>
> 减材成型:主要是运用分离技术把多余部分的材料有序地从基本体上剔除,如传统的铣、磨、钻、刨、电火花和激光切割都属于减材成型。
>
> 受压成型:主要利用材料的可塑性在特定的外力下成型,传统的锻压、铸造等技术都属于受压成型。受压成型多用于毛坯阶段的模型制作,但也有直接用于工件成型的例子,如精密铸造、精密锻造等均属于受压成型。
>
> 增材成型:又称堆积成型,主要利用机械、物理、化学等方法通过有序地添加材料而堆积成型。
>
> 生长成型:指利用材料的活性进行成型的方法,自然界中的生物个体发育属于生长成型。随着活性材料、仿生学、生物化学和生命科学的发展,生长成型技术得到了长足的发展。
>
> 3D打印从狭义上来说主要是指增材成型技术。从成型工艺上看,3D打印突破了传统成型的方法,通过快速自动成型与计算机数据模型结合,无须任何附加的传统磨具制造和机械加工就能够制造出各种形状复杂的原型,这使得产品的设计生产周期大大缩短,生产成本大幅下降。

第2节 3D打印详解与应用

一、3D打印的技术工艺

3D打印的技术工艺包含多个种类,目前常用的技术工艺主要有光固化成型(简称SLA)、熔融沉积成型(简称FDM)、三维粉末粘接(简称3DP)、选择性激光烧结(简称SLS)、分层实体制造(简称LOM)。

1. 光固化成型

光固化成型是最早出现、技术最成熟和应用最广泛的快速成型技术。它主要以光敏树脂为材料,通过紫外光或者其他光源照射液态光敏树脂使其快速凝固,逐层固化,最终形成实物。相比于熔融沉积成型,其优点是精度高,可以达到每层厚度0.05~0.15毫米,打印的表面比较平滑;缺点是可以使用的材料有限,只能单色打印。

2. 熔融沉积成型

熔融沉积成型主要是把塑料材料用高温熔化成液态,然后通过热熔喷嘴挤压出一个个很小的球状颗粒,这些颗粒在喷出后立即固化,逐层堆叠形成实物。这种成型技术成本较低,所用设备体积小,不需要昂贵的激光器,特别适合有空隙的结构,可节约材料,缩短成型时间。但是,该技术成型速度较慢,精度较低,因此主要应用于主流的桌面级3D打印机。

3. 三维粉末粘接

三维粉末粘接是实现3D全彩打印的最好打印技术,主要使用粉末材料,如陶瓷粉末、金属粉末、塑料粉末等作为原材料。其过程主要为:在平台上先铺一层粉末,然后使用喷嘴将黏合剂喷在需要成型的区域,让材料粉末黏合形成一层截面,不断重复铺粉、喷涂、黏合的过程,层层叠加,最终形成整个模型。

4.选择性激光烧结

选择性激光烧结利用了粉末材料在激光照射下烧结的原理。其具体做法是：首先铺一层粉末材料，并将材料预热到接近熔化点，再使用激光在该层截面上扫描，使粉末温度升至熔化点，然后烧结成型，不断重复铺粉、烧结的过程，最终形成实物。选择性激光烧结最大的优点在于使用的材料广泛，如尼龙、石蜡、金属粉末等都可以使用。此技术的制造工艺简单，材料利用率高，成型速度快，主要应用于铸造业，并且可以用来直接制作快速模具；不足之处是使用成本较高，设备费用较贵。

5.分层实体制造

分层实体制造又称为狭义的叠层制备技术，该技术所需的工具主要包括计算机、数控系统、原材料存储与运送部件、热黏压部件、激光切割系统、可升降工作台等。该技术是利用薄片材料、激光、热熔胶来制作叠层结构产品。其具体做法是：先用激光切割系统按照计算机提取横截面轮廓数据，然后将背面涂有热熔胶的片材用激光切割出模型的内外轮廓，切割完一层后，工作台下降一层高度，在刚形成的层面上叠加新的一层片材，并利用热黏压装置使之黏合在一起，接着对新层面进行切割，如此反复直至加工完毕，最后去除切碎部分得到完整的模型。

二、3D打印的应用

由于3D打印在制造工艺方面的创新，它被认为是"第三次工业革命"的重要生产方式。3D打印最早出现在20世纪90年代中期，过去常在模具制造、工业设计等领域被用于制造模型，现直接用于一些产品的制造，尤其是在飞机、核电和火电等使用重型机械、高端精密机械的行业中。因为利用3D打印制造的产品是自然无缝连接的，且结构之间的稳固性和连接强度要远远高于传统方法。另外，由于其速度快、高易用性等优势，3D打印在医学、航天、军事、执法等众多领域也有所应用。

1.3D打印与医学

在以前，当一些人遇到意外，身体严重受伤后，只能求助修复术，而身体修复又是一个漫长且痛苦的过程。但现在有了3D打印，若再有人缺损什么身体部件时，就可以在更短的时间内获得更加舒适好用的义肢或假体。

2.3D打印与航天

与传统制造相比，3D打印需要的材料要少许多，制造出来的东西也要轻很多，这个特点是飞机设计师特别看重的。飞机设计师已经利用3D打印，制造出了更轻的飞机零件，并开始使用。飞机质量减轻后，就可以降低燃油消耗，从而降低成本和保护环境。目前，科学家们还正在研究利用3D打印来制作飞机涡轮机的喷油嘴，这样的喷油嘴可以提高飞机的飞行效率。

3.3D打印与军事

据国防大学李大光教授介绍，借助3D打印，最快甚至只需3年时间就能实现新一代战机的研发。歼-35战机的主承力框就是利用增材制造技术来完成的。3D打印制造出来的框架可以使其零部件数量减少50%、质量减少38%、翼根高度降低四分之一，制造效率提高10倍以上。这使得歼-35在机身强度、质量、寿命等方面都有了相当可观的提升。相较于传统的水压成型技术，3D打印显然更加高效。

4.3D打印与执法

无人机除了用于军事侦察，还可以用于执法活动。目前已经有人利用3D打印开发了一款可以追踪非洲偷猎者的无人机。这款无人机使用太阳能和氢气作为动力，机上安装了一台照相机，总重约170克。无人机安装了图像辨认软件，可通过一个远程网络来传递加密信息，而且它的云控制系统可以让在任何地方的任何人来控制它。当偷猎者自以为神不知鬼不觉在非洲大草原上肆意猎杀动物时，无人机就会协助执法人员将其擒拿。

5.3D打印与仿生

科学家可以从自然界获取灵感，开发新材料，设计新玩意儿，然后利用3D打印制造出来。比如，娃娃鱼机器人，它可以像真正的娃娃鱼一样在水下游泳或爬行。它被称为Pleurobot，由瑞士洛桑联邦理工学院（EPFL）开发。该机器人是由利用3D打印制造的骨骼、模仿娃娃鱼运动的电动关节和人造中枢系统等组成的。

第3节 3D打印材料分析

一、3D打印材料

1.ABS塑料

ABS塑料是丙烯腈、丁二烯、苯乙烯三种单体的三元共聚物,是一种低成本材料,非常适合打印坚固耐用的物品,可承受较高温度。(图1-3-1)

图1-3-1　ABS塑料线圈

2.聚乳酸(PLA)

PLA是一种新型的生物降解材料,是3D打印的首选材料,因为它易于使用,尺寸精确,成本低。(图1-3-2)

图1-3-2　PLA线圈

3.热塑性弹性体(TPE)/热塑性聚氨酯弹性体(TPU)

TPE是一种具有橡胶的高弹性、高强度、高回弹性,又具有可注塑加工特征的绿色复合材料。

TPU是一种加热可以塑化、溶剂可以溶解的弹性体,具有优异的机械强度,也具有耐磨性、耐油性和耐屈挠性的特点。(图1-3-3)

图1-3-3　使用TPU材料制造的足球

4.高抗冲聚苯乙烯(HIPS)

HIPS是由弹性体改性聚苯乙烯制成的热塑性材料,具有无臭、无味,成型后结构稳定性良好的特点。(图1-3-4)

图1-3-4　使用HIPS材料制造的包装袋

5.聚对苯二甲酸乙二醇酯-1,4-环己烷二甲醇酯(PETG)

PETG简要来说是一种透明塑料,是一种非结晶型共聚酯。用其打印出来的产品光泽度高、强度高、表面光滑,具有半透明效果,产品不易破裂,在打印过程中几乎没有气味。(图1-3-5)

图1-3-5　使用PETG材料制造的信用卡

6. 尼龙(Nylon)

Nylon是一种坚韧的半柔性材料,具有高抗冲击性和耐磨性。它是打印耐用部件的理想选择。(图1-3-6)

图1-3-6　使用尼龙制造的扎带

7. 碳纤维(Carbon Fiber)

Carbon Fiber是含碳量在90%以上的高强度、高模量纤维,具有耐高温、抗摩擦、导热及耐腐蚀等特性。它常被注入PLA或ABS塑料中以帮助其增加强度和刚度。(图1-3-7)

图1-3-7　碳纤维材料管

8. ASA塑料

ASA塑料是由苯乙烯、丙烯腈和丙烯酸酯类橡胶体共聚而成,是ABS塑料的常见替代品。由于其耐候性、长久使用性、色彩稳定性好,非常适合户外应用。(图1-3-8)

图1-3-8　使用ASA塑料制造的墨镜

9.聚碳酸酯(PC)

PC是一种强韧的热塑性树脂,具有极高的耐热性和抗冲击性。(图1-3-9)

图1-3-9　使用PC材料搭建的温室

10.聚丙烯(PP)

PP是一种性能优良的热塑性合成树脂,具有耐化学性、耐热性、电绝缘性。(图1-3-10)

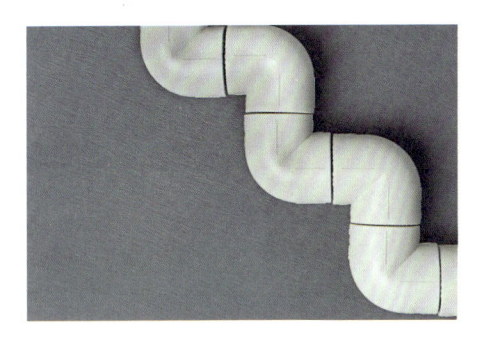

图1-3-10　PP管道

11.金属填充(Metal Filled)线材

金属填充线材是通过将细金属粉末混合到基础材料中制成的线材,是提高焊接质量的保护物质。(图1-3-11)

图1-3-11　金属填充线材

二、挑选材料

选择3D模型时,通常会考虑成本、外观、细节、力学性能、机械性能、化学稳固性以及应用环境等因素。

1. 外观验证模型

外观验证模型是由工程师设计并制作,用于验证产品外观的手板模型或直接使用的模型。外观验证模型是可视的、可触摸的,它可以很直观地以实物的形式把设计师的创意反映出来,避免了"画出来好看而做出来不好看"的弊端。外观验证模型在新品开发、产品外形推敲的过程中是必不可少的。

基于外观验证模型的需求,建议优先选用ABS塑料或PC。

2. 结构验证模型

结构验证模型主要验证设计的模型是否合理,结构方面是否需要改善。在产品设计过程中从设计方案到量产,一般需要制作模具。模具制作的费用很高,比较大的模具价值数十万乃至几百万,如果在开模的过程中发现结构不合理或存在其他问题,其损失可想而知。因此,制作结构验证模型能避免这种损失,降低开模风险。

基于结构验证模型的需求,对精度和表面质量要求不高的情况,建议优先选择机械性能较好、价格低廉的材料,比如PLA、ABS塑料等。

3. 性能验证模型

一些产品有特殊功能要求的,就需要用到性能验证模型。如果对外观和结构强度要求都比较高,则建议优先使用Nylon;如果对导电性有要求,则需要用到金属填充线材。

三、3D打印材料的开发

目前3D打印材料的开发工作主要有以下内容。

(1)开发满足不同用途、需求的多品种3D打印材料,如直接成型金属件的3D打印材料和医用的、具有活性的3D打印材料等。

(2)建立材料的性能数据库,开发性能更加优越、无污染的3D打印材料。

(3)利用计算机对材料的成型过程和成型性能进行模拟、分析。

第4节 3D打印机的操作及调试

一、3D打印机的原理

3D打印机的原理是首先将材料高温熔化,然后机器按照程序把产品一层层地打印出来,打印后会迅速凝固,因而打印出来的模型结实耐用。

二、3D打印机的构造

下面以某品牌3D打印机为例来介绍其构造。

1. 3D打印机正面(图1-4-1)

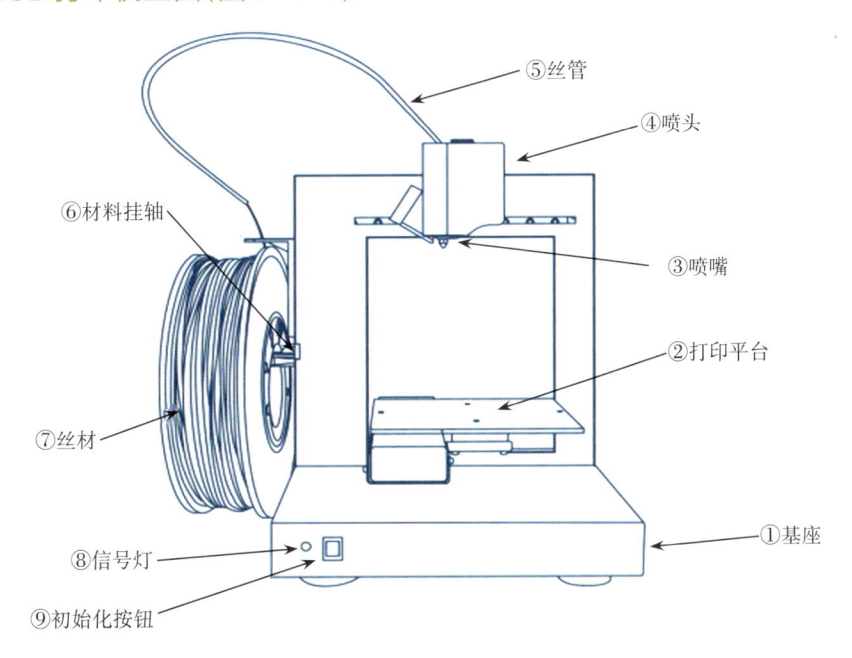

图1-4-1 3D打印机正面

2.3D打印机背面(图1-4-2)

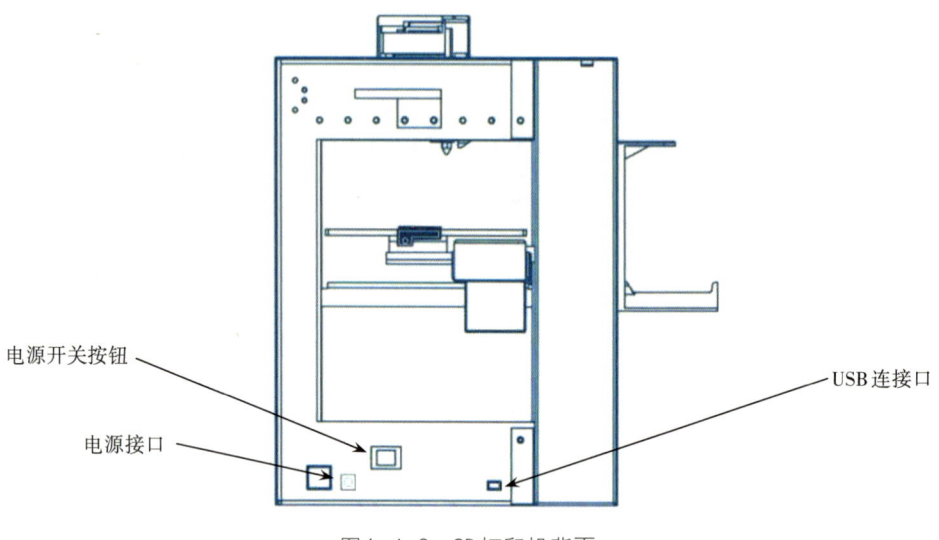

电源开关按钮

电源接口

USB连接口

图1-4-2　3D打印机背面

3.3D打印机坐标轴(图1-4-3)

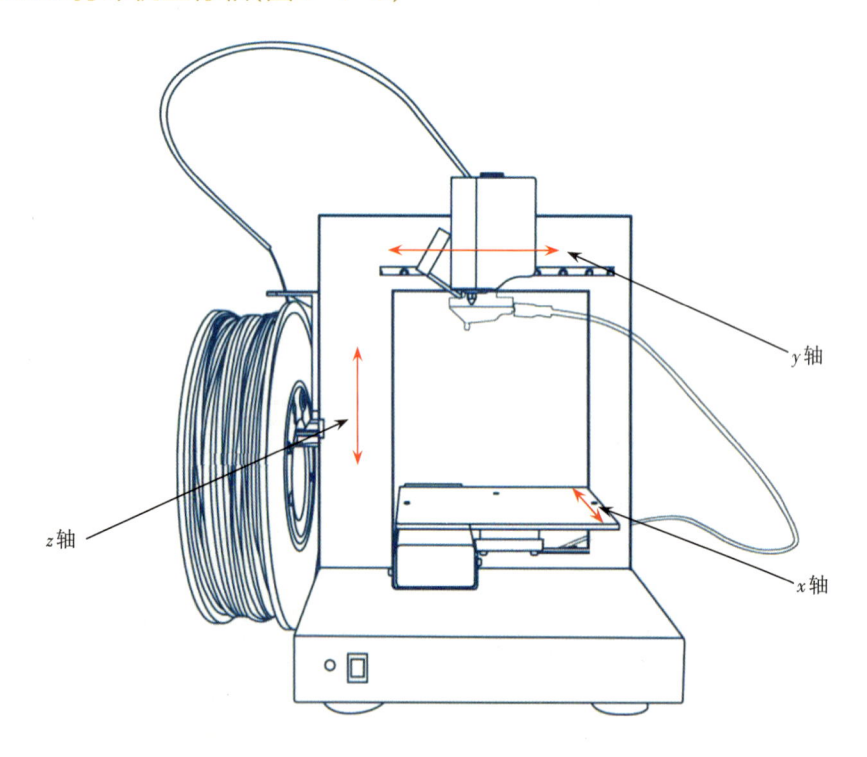

z 轴

y 轴

x 轴

图1-4-3　3D打印机坐标轴

三、3D打印机的操作

1.3D打印机的安装(图1-4-4)

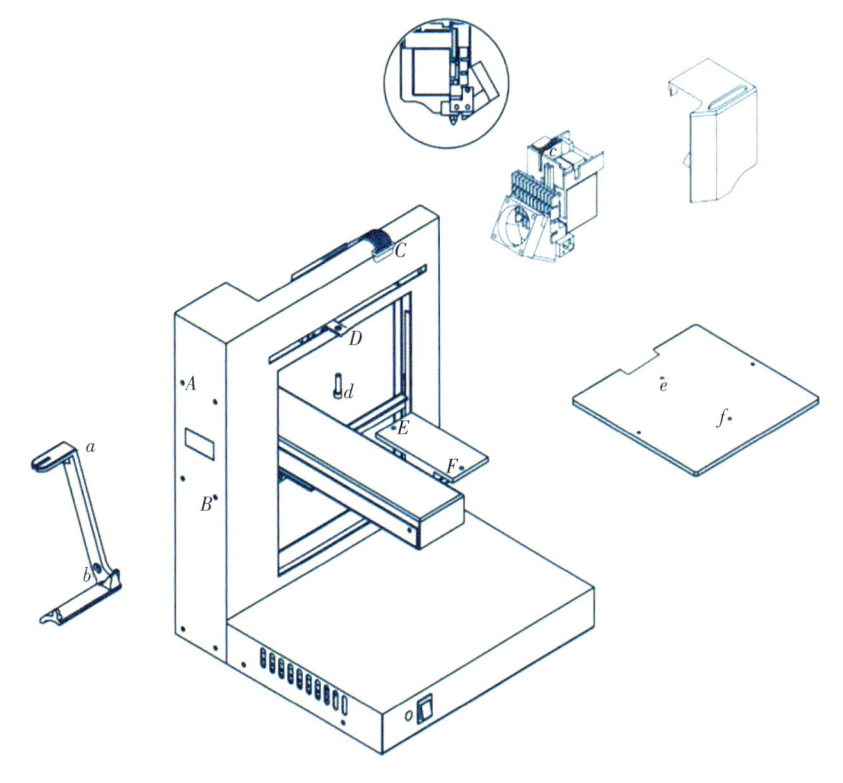

图1-4-4　3D打印机的安装

请参照以下三个步骤组装机器。

第一步：安装喷头。

(1)卸下喷头上的塑料外壳。

(2)拧下螺丝(d)，对喷头进行调试。

(3)确保喷头和挤出轴在同一水平面上。

(4)将喷头电源插口(c)插入打印机插口(C)，然后将喷头外壳重新装上。

第二步：安装打印平台。

将平台升至一定高度，调整平台位置，使平台上的螺丝孔(E,F)和打印平板的螺丝孔(e,f)对齐，然后从顶部放入螺丝并拧紧。

第三步：安装材料挂轴。

将打印机上的螺丝孔(A,B)对准挂轴上的螺丝孔(a,b)，然后放入螺丝并拧紧。

2.打印材料的挤出(图1-4-5)

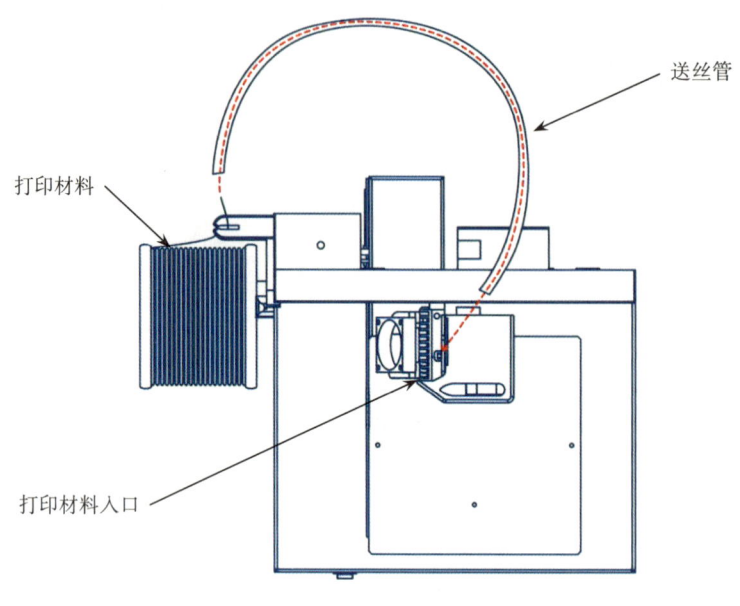

图1-4-5 打印材料的挤出

(1)接通电源。

(2)将打印材料插入送丝管。

(3)启动打印软件(如你尚未安装,则请安装最新版本的软件),在菜单的"维护"对话框内点击"挤出"按钮。(图1-4-6)

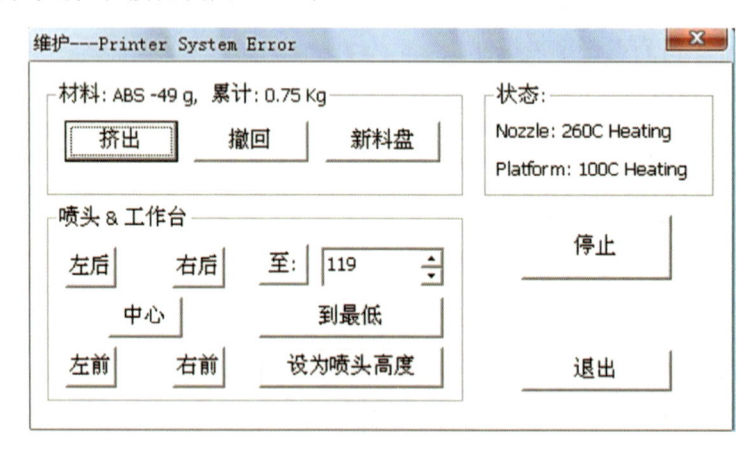

图1-4-6 打印软件维护界面

四、软件基本功能的使用

点击电脑桌面上的图标█,软件就会开始运行。(图1-4-7)

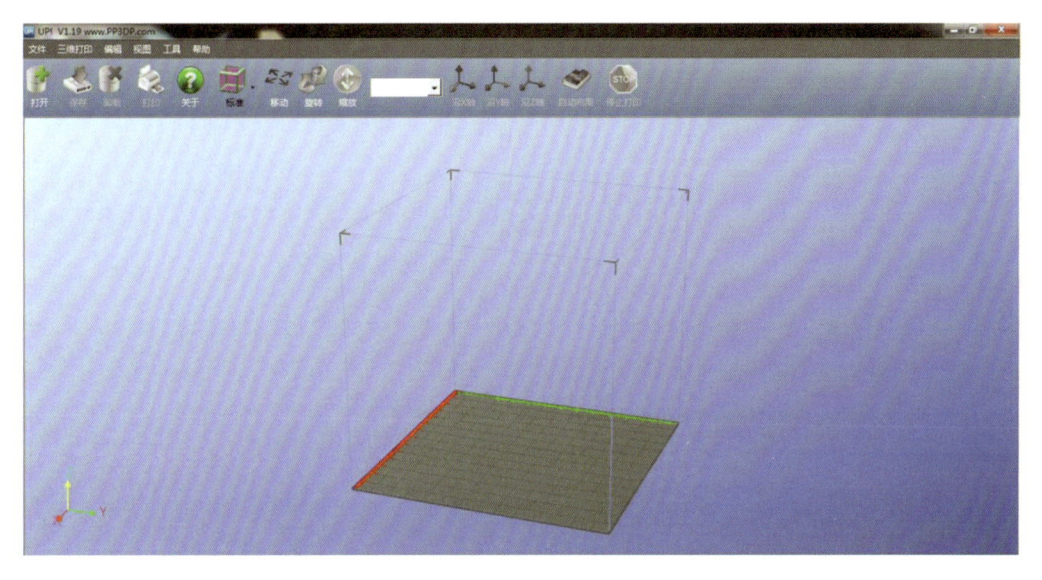

图1-4-7　主操作界面

1.载入一个3D模型

点击菜单栏中的"文件"按钮或者工具栏中的"打开"按钮,选择一个想要打印的模型。将鼠标移到模型上,点击鼠标左键,模型的详细介绍资料就会悬浮显示出来。(图1-4-8)

注意:软件仅支持STL格式(标准的3D打印输入文件格式)和UP3格式(该品牌3D打印机专用的压缩文件格式)的文件。

图1-4-8　3D模型

2. 卸载模型

将鼠标移到模型上,点击鼠标左键选择模型,然后在工具栏中选择"卸载",或者在模型上点击鼠标右键,随后在出现的下拉菜单中选择"卸载模型"或者"卸载所有模型"。

3. 保存模型

选择模型,然后点击"保存"按钮。保存成功的时候,文件会被保存为 UP3 格式,并且大小是原 STL 文件的 12%~18%,这非常便于存档或者转换文件。

4. 显示 STL 文件注意事项

为了准确打印模型,模型的所有面都要朝外。软件会用颜色来标明一个模型是否正确。当打开一个模型时,模型的默认颜色通常是灰色或粉色。若模型有法向的错误,则模型错误的部分会显示成红色。(图1-4-9)

5. 修复 STL 文件

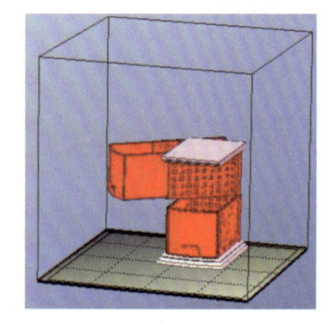

图1-4-9　错误模型显示

软件具有修复模型表面错误的功能。选择模型有错误的表面,在"修改"菜单中点击"修复"按钮即可。(图1-4-10)

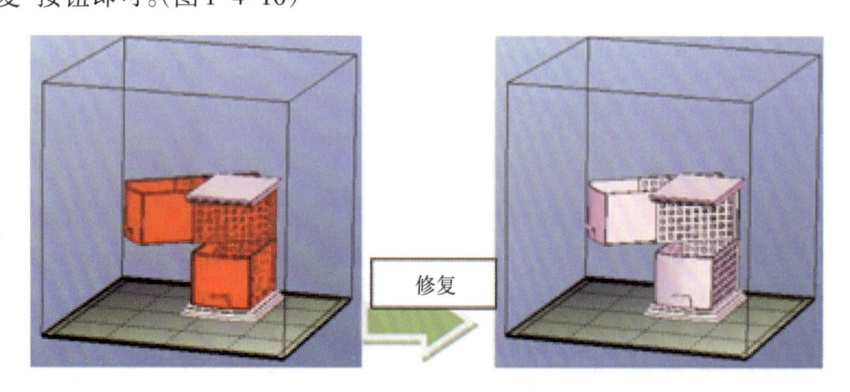

图1-4-10　模型修复

6. 合并模型

打开所有想要合并的模型,按照你希望的方式排列在平台上,然后在"修改"菜单中点击"合并"按钮,就可以将几个独立的模型合并成一个模型。

7.编辑模型视图

点击菜单栏中的"编辑"按钮,可以通过不同的方式观察目标模型(也可通过点击菜单栏下方的"相应视图"按钮来实现)。

(1)旋转:按住鼠标中键,移动鼠标,视图会旋转,可以从不同的角度观察模型。

模型旋转:点击工具栏上的"旋转"按钮,再在文本框中选择或者输入想要旋转的角度,然后选择围绕某个轴旋转。(图1-4-11)

例如:将模型围绕 y 轴旋转 $30°$。

操作步骤:①点击"旋转"按钮;②在文本框中输入30(注意:正数是逆时针旋转,负数是顺时针旋转);③点击"沿 y 轴"按钮。

图1-4-11 模型的旋转

(2)移动:同时按住Ctrl键和鼠标中键,移动鼠标,可以将视图平移,也可以用键盘上的方向键平移视图。

模型移动:点击工具栏上的"移动"按钮,再在文本框中选择或者输入想要移动的距离,然后选择沿着某个轴移动。每点击一次坐标轴按钮,模型就会移动一次。(图1-4-12)

例如:沿着 z 轴方向向上或者向下移动5毫米。

操作步骤:①点击"移动"按钮;②在文本框中输入-5;③点击"沿 z 轴"按钮。(提示:如按住Ctrl键,可将模型放置于任何需要的地方)

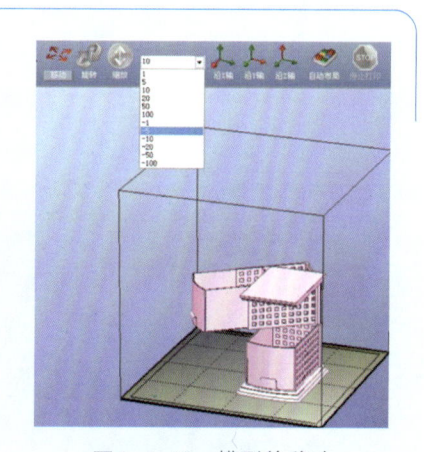

图1-4-12 模型的移动

(3)缩放:旋转鼠标滚轮,视图就会随之放大或缩小。

(4)视图:该软件有8个预设的标准视图。点击工具栏上的"视图"按钮就可以找到如下视图:顶视、底视、前视、后视、左视、右视、ISO(正等轴测)、标准。

8. 模型布局

将模型放置于平台的适当位置,有助于提高打印的质量。(提示:请尽量将模型放置在平台的中央)

(1)自动布局:点击工具栏最右边的"自动布局"按钮,软件会自动调整模型在平台上的位置。当平台上不止一个模型时,建议使用自动布局功能。

(2)手动布局:①按住Ctrl键,同时用鼠标左键选择目标模型,移动鼠标,拖动模型到指定位置;②点击工具栏上的"移动"按钮,再在文本框中选择或者输入移动的距离,然后选择想要移动的坐标轴。(注意:当多个模型处于开放状态时,每个模型之间的距离至少要保持12毫米以上)

第二章

3D扫描技术

第1节 3D扫描仪

作为3D模型构建的硬件产品之一的3D扫描仪,其发展前景不可估量。由于3D扫描是一门集光、机、电和计算机技术于一体的高新技术,使之能对物体空间外形、结构及色彩等信息进行立体扫描。这使3D扫描仪成为研究界的"宠儿"。

一、3D扫描仪的原理

3D扫描仪通过对物体空间外形、结构及色彩进行扫描,获得物体表面的空间坐标等信息。它的重要作用在于能够将实物的立体信息转换为计算机能直接处理的数字信号,为实物数字化提供了方便快捷的手段。3D扫描仪的原理可以类比照相机拍照的原理,两者不同之处在于相机所抓取的是颜色信息,而3D扫描仪还会抓取位置信息。照相机的图片由很多像素点构成,3D扫描仪的点云由很多坐标点组成。(图2-1-1)

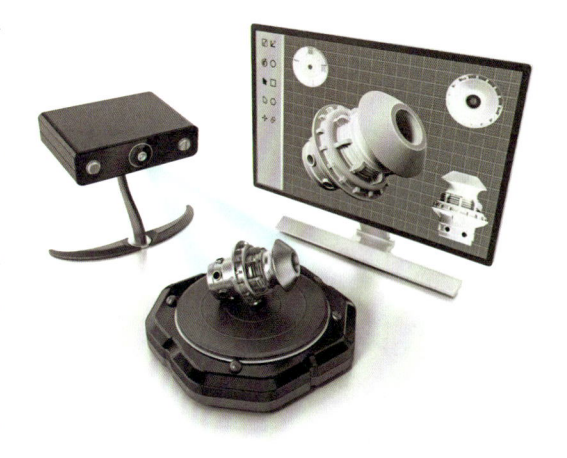

图2-1-1 3D扫描仪

> 3D扫描仪是如何记录下这些位置信息的?
> 它主要是靠计算扫描仪和物体表面点阵的距离得来的。

二、3D扫描仪的分类

一般来说,3D扫描仪可以分为两类:接触式和非接触式。接触式3D扫描仪,顾名思义,需要与被扫描物体直接接触。相反,非接触式3D扫描仪则不需要直接接触,它依靠激光、X射线或超声波等来收集被扫描物体的信息。

1. 接触式3D扫描仪

接触式3D扫描仪通过接触物体表面的方式计算深度,如坐标测量机(CMM),即典型的接触式3D扫描仪。此类设备相当精确,常用于工程制造产业,然而因其在扫描过程中必须接触物体,待测物有遭到探针破坏损毁的可能,因此不适用于高价值对象,如古文物、遗迹等物品的重建作业。另外,与非接触式扫描相比,接触式扫描需要较长的时间,比如现今最快的坐标测量机每秒只能完成数百次测量,但非接触式的激光扫描仪的运作频率可以高达每秒500万次。

2. 非接触式3D扫描仪

非接触式3D扫描仪又可分为主动式3D扫描仪和被动式3D扫描仪。

主动式3D扫描仪是通过将额外的能量投射至物体,借由能量的反射来计算三维空间信息。常见的投射能量有一般的可见光、高能光束、超音波与X射线。

图2-1-2　手持式激光扫描仪

比如：手持式激光扫描仪可通过三角形测距法建构出3D图形，即通过手持式设备，对待测物发射出激光光点或线性激光；以两个或两个以上的侦测器（电偶组件或位置感测组件）测量待测物的表面到手持激光产品的距离，测量过程中通常还需要借助特定引用点（通常是具黏性、可反射的贴片，用来当作扫描仪在空间中的定位及校准使用）；扫描仪获得的数据被导入电脑中，并由软件转换成3D模型。手持式激光扫描仪通常还会综合被动式扫描仪（可见光）获得的数据（如待测物的结构、色彩分布等），建构出更完整的待测物的3D模型。（图2-1-2）

被动式3D扫描仪本身并不发射任何辐射线，而是以测量待测物表面反射的周遭辐射线的方法，达到预期的效果。由于环境中的可见光辐射，是相当容易获取并利用的，这类扫描仪大部分以侦测环境的可见光为主。但相对于可见光的其他辐射线，如红外线，也能被应用于这种用途。因为大部分情况下，被动式3D扫描仪并不需要规格太特殊的硬件支持，这类被动式产品价格往往也相对便宜。

> 3D扫描仪的用途是创建物体几何表面的点云，这些点可用来插补成物体的表面形状，越密集的点云可以创建越精确的模型。若3D扫描仪能够获取表面颜色，则可进一步在重建模型的表面上粘贴材质贴图，亦即所谓的纹理映射。

第2节 3D扫描的应用

一、逆向工程

通过3D扫描，获得物体的空间外形和结构，在得到物体的数据后，用专业的逆向工程软件进行数据处理，修正误差后得到物体的精确尺寸，以此为基础进行物体的三维建模。（图2-2-1）

图2-2-1　逆向工程示意图

二、精工零件

工厂制作出样件或者产品之后，客户若需要知道样件或产品的尺寸精度是否符合要求，就可以通过3D扫描，精确标定产品的尺寸，据此来判断样件或产品的尺寸是否符合要求。（图2-2-2）

图 2-2-2　零件检查

三、艺术雕塑

雕塑家先手工制作出泥塑，然后通过3D扫描，得到3D模型数据，接着用3D打印机制造出雕塑的小样，最后雕塑家根据小样，在3D模型上做迭代修改，直到满意为止。这极大地提高了雕塑家的批量制作效率。（图2-2-3）

图 2-2-3　跑马雕塑模型

四、文物保护

许多文物古迹经历了时间的洗礼和人为因素的影响，存在不同程度的损坏，通过3D扫描可以快速获得文物的高精度三维数据。基于文物的3D数据，再结合专家研究分析、史料记载、相似器物参照等对文物模型进行计算机虚拟修复。修复后的3D模型，可以呈现文物原有的结构、色彩信息等。

另外，通过3D扫描可以将文物的信息以数字化的形式永久保存。文物研究人员可以依托数字信息管理平台分类管理存储文物的数字化信息，减少文物保护人员的工作量，提高文物保护质量。（图2-2-4）

图 2-2-4　杜岭方鼎

第三章

初识3D建模

第1节

初识3D建模软件

一、建模软件

3D One 是一款适合中小学生进行三维创意设计的软件,其界面简洁,操作简单。(图3-1-1)

图3-1-1　软件展示

二、界面介绍

启动软件后会进入主界面。(图3-1-2)

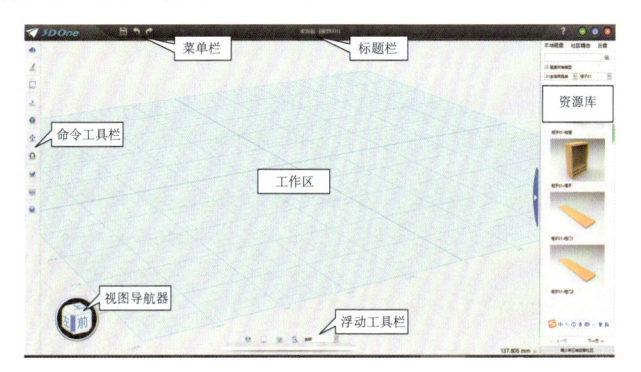

图3-1-2　主界面

三、工具栏介绍

1.菜单栏(图3-1-3)

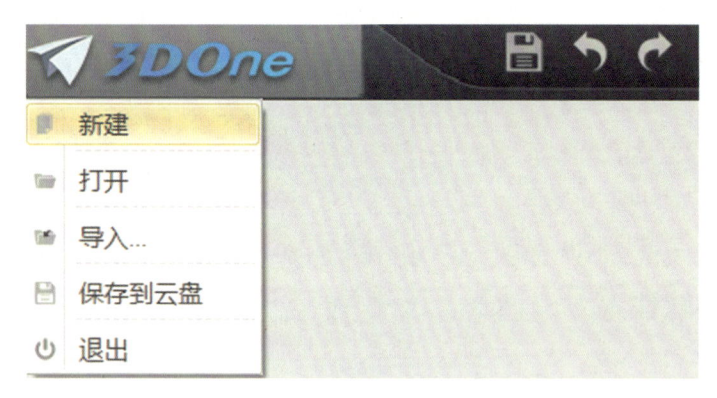

图3-1-3 菜单栏

(1)新建:点击"新建"按钮,建立一个案例进行设计。

(2)打开:用于打开存储在本地磁盘中的案例,其默认格式是Z1。

(3)导入:导入第三方格式,可导入Z3PRT、IGES、STP、STL这4种格式。

(4)保存到云盘:保存编辑完成后的案例到云盘,其默认格式是Z1。

(5)退出:点击"退出"按钮,关闭软件。

(6)撤销、重做:对错误操作进行撤销、重做。

2.标题栏(图3-1-4)

标题栏用于显示当前编辑的案例名称。

图3-1-4 标题栏

3.帮助栏(图3-1-5)

(1)帮助:提供快速提示,以便进行下一步操作。

(2)打开"边学边用"课件:直接打开编辑好的课件进行学习。

(3)样式:选择软件的界面风格。

(4)关于:显示软件版权归属,版本号和用户目录等信息。

图3-1-5 帮助栏

4.工具栏(图3-1-6)

(1)基本实体:六面体、球体、圆环体、圆柱体、圆锥体、椭球体。

(2)草图绘制:正多边形、圆弧、多段线、通过点绘制曲线、预制文字、参考几何体……

(3)草图编辑:链状圆角、链状倒角、单击修剪、修剪/延伸曲线、偏移曲线。

(4)特征造型:拉伸、旋转、扫掠、放样、圆角、倒角、拔模、由指定点开始变形实体。

(5)特殊功能:抽壳、扭曲、圆环折弯、浮雕、镶嵌曲线、实体分割、圆柱折弯、锥削……

(6)基本编辑:移动、缩放、阵列、镜像、DE移动、对齐移动……

(7)自动吸附:能够快速地将一个实体吸附贴合至另一个实体指定的面上。

(8)组合编辑:将不同的形状进行组合。

(9)距离测量:测量两点之间的距离。

(10)材质渲染:为材质加上渲染效果。

图3-1-6 工具栏

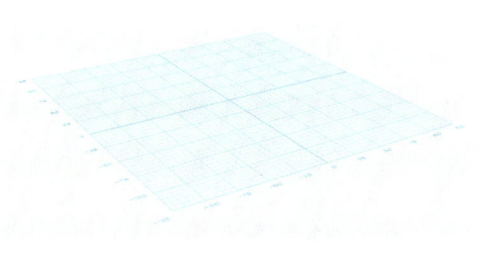

5.平面网格(图3-1-7)

平面网格帮助用户进行位置确定,可以选择关闭或者显示。平面网格支持点捕捉,也就是可以在平面网格上取所需要定义的任何点,也可以在定义草图平面时,捕捉3D栅格的任意位置。

图3-1-7 平面网格

6.资源库(图3-1-8)

在资源库里可以查看本地磁盘、社区精选和云盘的案例,也可以直接调用各种现成的模型。

图3-1-8 资源库

7.视图导航器(图3-1-9)

图3-1-9 视图导航器

视图导航器用于指示当前视图的朝向,多面骰子的26个面均支持点击。

8.浮动工具栏(图3-1-10)

鼠标指针移动到浮动工具栏上将使这些命令完全显示,进而可以方便地进行相关操作。

图3-1-10 浮动工具栏

(1)查看视图。(图3-1-11)

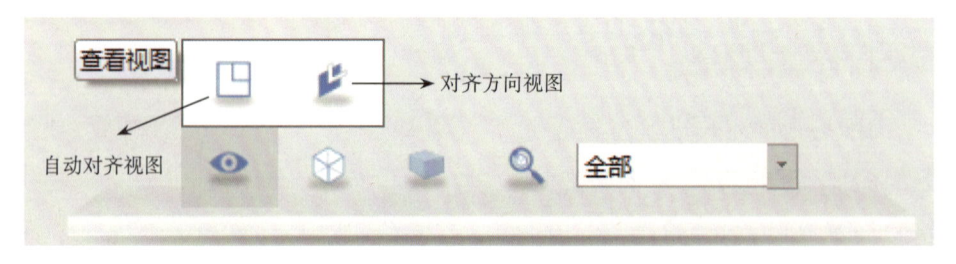

图3-1-11 查看视图

(2)渲染模式。(图3-1-12)

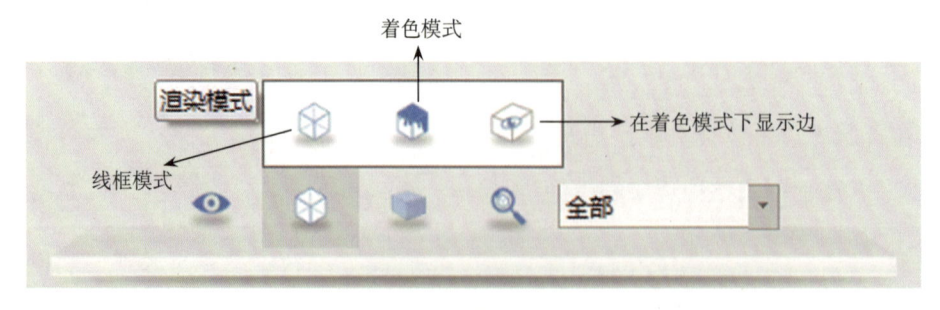

图3-1-12 渲染模式

(3)显示/隐藏。(图3-1-13)

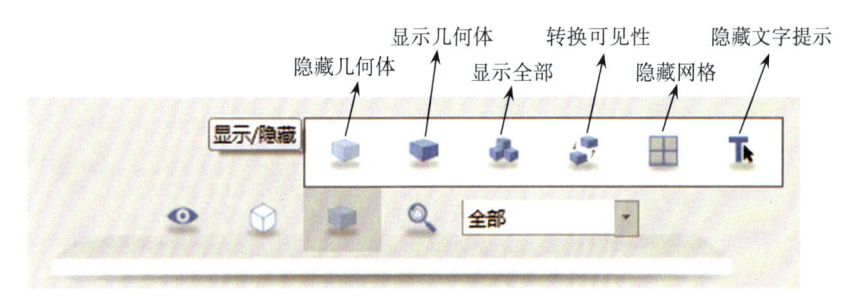

图3-1-13 显示/隐藏

(4)整图缩放。(图3-1-14)

图3-1-14 整图缩放

(5)过滤器列表。(图3-1-15)

图3-1-15 过滤器列表

第2节 3D One 图形交互

一、鼠标的使用技巧（图3-2-1）

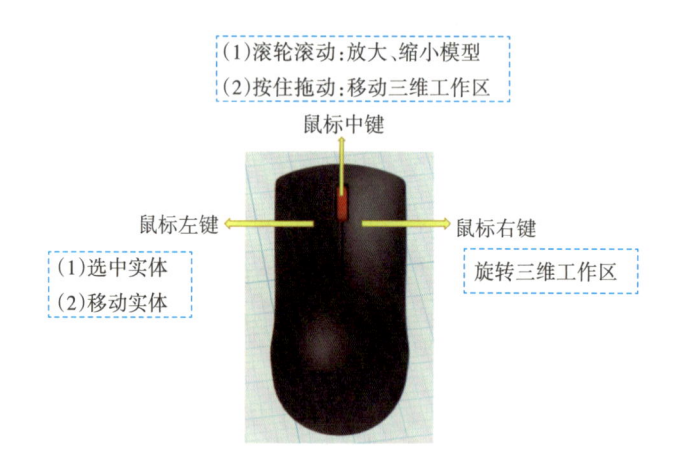

图3-2-1　3D One中的鼠标功能

二、图形交互功能

1.拖拽尺寸手柄

在命令执行过程中，可以在图形区直接拖拽箭头，或在相对应处输入数值，快速修改模型大小。（图3-2-2）

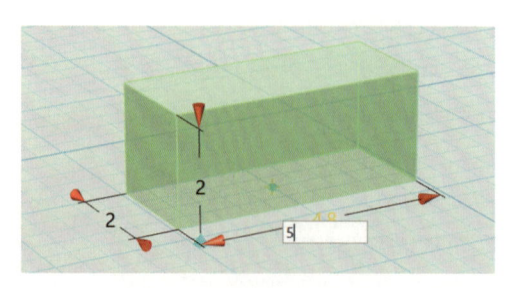

图3-2-2　图形大小的修改

2. 移动或旋转手柄

在移动模型时,可以直接拖动或旋转手柄,实现模型快速移动或翻转。(图 3-2-3)

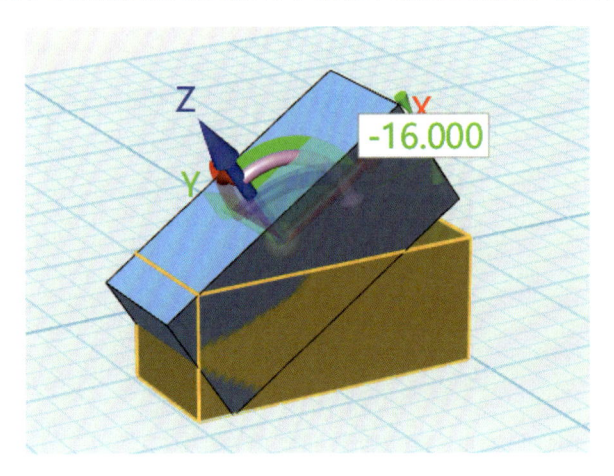

图 3-2-3　图形的移动或翻转

3. 直接编辑

(1)不释放鼠标拖拽:用鼠标选择体、面、边后,不释放鼠标直接拖拽,可以直接移动物体。在此基础上,按住 Ctrl 键,则可以执行复制后移动。

(2)选择草图的局部封闭区域:在草图操作界面中,会弹出屏显菜单,用户可进行拉伸、旋转操作。同时,在该区域上提供对应命令的智能手柄。

(3)草图的直接编辑(仅做记录):在草图内或在草图外,都可以选择草图的部分对象,进行直接拖拽,修改草图形状。

三、操作对象的选择

1. 灵活的鼠标拾取

(1)直接选择。

①选择边后:弹出屏显菜单,菜单提供圆角、倒角、拔模等功能。边上附着半径智能手柄,手柄提供默认值,用户可以拖拉修改。(图 3-2-4)

图 3-2-4　边

②选择面后:弹出屏显菜单,菜单提供拉伸、DE移动、DE面偏移等功能。面上附着对应命令的智能手柄。(图3-2-5)

图3-2-5 面

③选择体后:弹出屏显菜单,菜单提供移动、缩放、抽壳等功能。(图3-2-6)

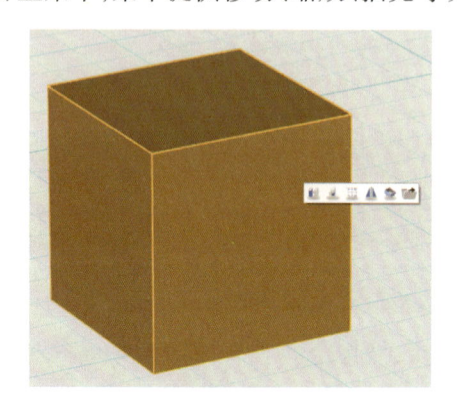

图3-2-6 体

(2)遮挡选择:点击已有对象,既不释放鼠标,也不移动鼠标,则界面会提供此位置所有可以选择的对象,方便用户选择被遮挡对象。(图3-2-7)

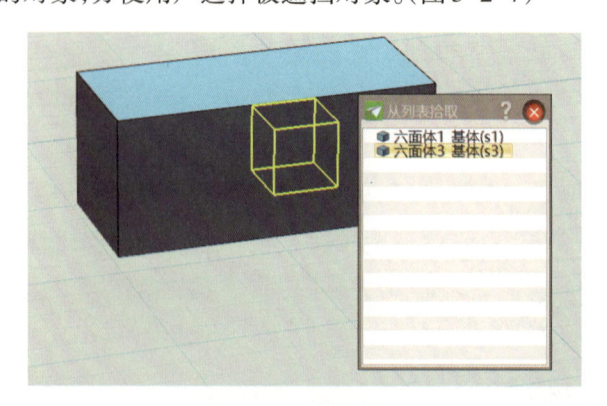

图3-2-7 遮挡选择

(3)Shift Pick。

①Shift Pick 边:选择相切的边。

②Shift Pick 面:选择能形成一个可识别的特征面。

(4)Alt Pick:用于选择该鼠标位置上第二个合法对象。

(5)默认可选对象类型:默认鼠标可选对象类型包括 All,Sketch,Curve,Edge,Face,Shape。

2.快捷的键盘操作

(1)Ctrl + C,Ctrl + V:支持选取对象的复制和粘贴。

(2)Delete:①支持草图整体的删除,其他对象,如边、面不支持删除;②支持草图环境内草图几何标注的删除。

(3)Ctrl + 方向键:实现视图旋转。

(4)Ctrl + Home:相当于 Align Plane 功能,即对齐平面。

第3节 基本几何体的组合方法

一、基本实体

1.六面体

该功能可通过点击左侧工具栏中的"基本实体 ⛰"的子菜单中的"六面体 🟦"按钮来实现。"六面体"是通过在草图中取3个参数,即底面中心,长宽角点和高度角点,来定义一个立方体的。用户可通过菜单设定立方体长、宽、高的数值,也可通过拖动智能手柄改变立方体长、宽、高的数值。(图3-3-1)

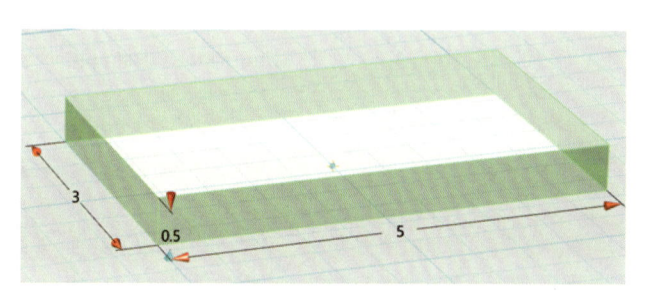

图3-3-1　六面体

2.球体

该功能可通过点击左侧工具栏中的"基本实体 ⛰"的子菜单中的"球体 🔵"按钮来实现。"球体"是通过在草图中取2个参数,即球心和半径,来定义一个球体的。用户可通过菜单设定球体的半径,也可通过拖动智能手柄改变球体的半径。(图3-3-2)

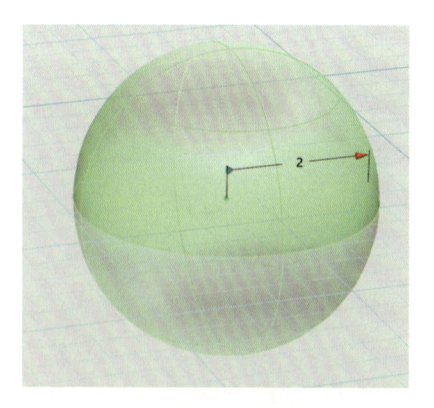

图3-3-2　球体

3. 圆环体

该功能可通过点击左侧工具栏中的"基本实体 "的子菜单中的"圆环体 "按钮来实现。"圆环体"是通过在草图中取2个参数，即外圆半径和内外圆半径差，来定义一个圆环体的。用户可通过菜单设定圆环体的半径和内外圆半径差，也可通过拖动智能手柄改变圆环体的半径和内外圆半径差。（图3-3-3）

图3-3-3　圆环体

4. 圆柱体

该功能可通过点击左侧工具栏中的"基本实体 "的子菜单中的"圆柱体 "按钮来实现。"圆柱体"是通过在草图中取3个参数，即底面中心点、半径和高度，来定义一个圆柱体的。用户可通过菜单设定圆柱体的底面中心点坐标、半径和高度，也可通过拖动智能手柄改变圆柱体的半径和高度。（图3-3-4）

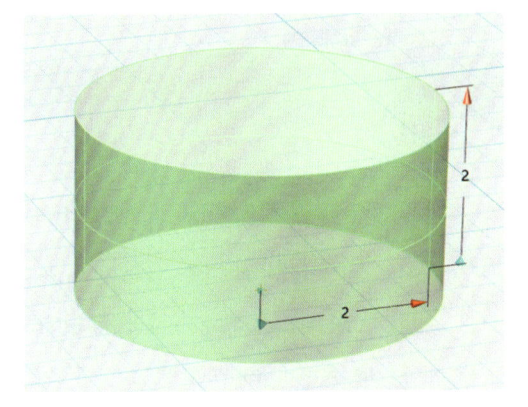

图3-3-4　圆柱体

5. 圆锥体

该功能可通过点击左侧工具栏中的"基本实体 "的子菜单中的"圆锥体 "按钮来实现。"圆锥体"是通过在草图中取4个参数，即底面中心点、底面半径、高度和顶面半径，来定义一个圆锥体的。用户可通过菜单设定圆锥体的中心点坐标、底面半径、高度和顶面半径，也可通过拖动智能手柄改变圆锥体的底面半径、高度和顶面半径。（图3-3-5）

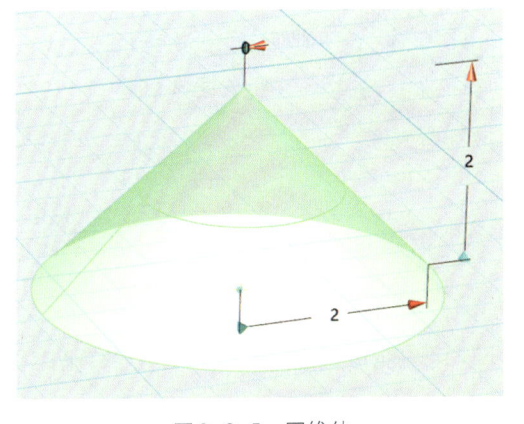

图3-3-5　圆锥体

注意：软件中的圆锥体可变为圆台体或圆柱体。

6.椭球体

该功能可通过点击左侧工具栏中的"基本实体 "的子菜单中的"椭球体 "按钮来实现。"椭球体"是通过在草图中取4个参数,即中心点和 x、y、z 轴方向长度,来定义一个椭球体的。用户可通过菜单设定椭球体的中心点坐标和 x、y、z 轴方向长度,也可通过拖动智能手柄改椭球体的 x、y、z 轴方向长度。(图3-3-6)

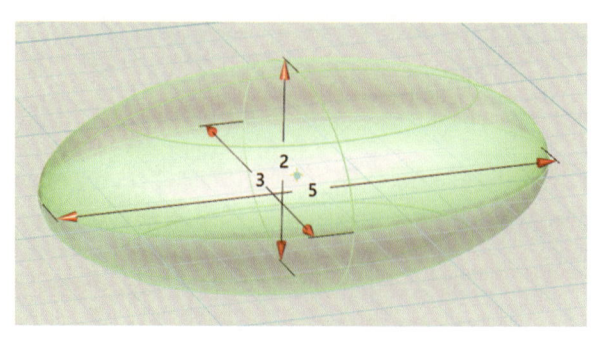

图3-3-6　椭球体

二、基本编辑

1.移动

该功能可通过点击左侧工具栏中"基本编辑 "的子菜单中的"移动 "按钮来实现。该功能可将模型从一个地点移动到另一个地点,此处的移动不仅仅指沿轴线平移,还包括沿轴线旋转,并且平移量和旋转量可使用智能手柄进行拖动,也可通过在相对应处输入数值调节。(图3-3-7至图3-3-9)

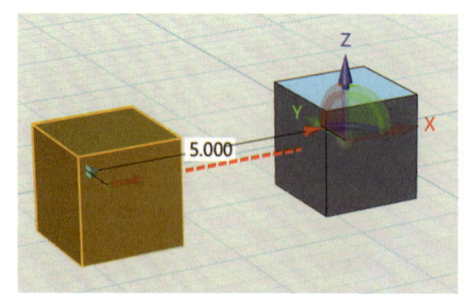

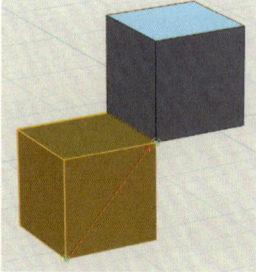

图3-3-7　模型平移(1)　　图3-3-8　模型平移(2)　　图3-3-9　模型旋转

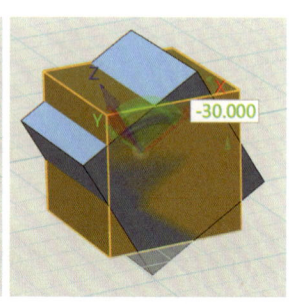

2.缩放

该功能可通过点击工具栏中的"基本编辑 "的子菜单中的"缩放 "按钮来实现。该功能可改变模型的比例(放大或缩小)。(图3-3-10,图3-3-11)

图3-3-10　模型缩放(1)　　　　图3-3-11　模型缩放(2)

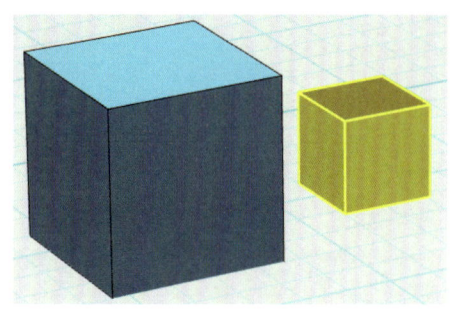

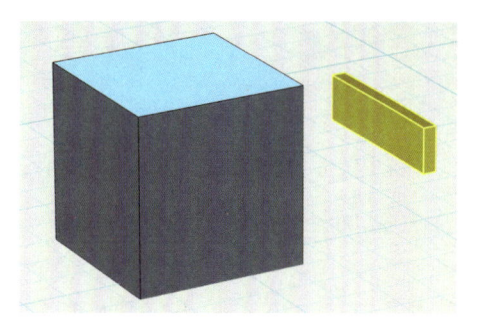

3.阵列

该功能可通过点击左侧工具栏中的"基本编辑✥"的子菜单中的"阵列"按钮来实现。该功能可使模型按照一定方式摆放，阵列形式包括线性阵列和圆形阵列。

（1）线性阵列：模型按照两个相互垂直的方向摆放。在相对应处中更改每个方向摆放的数目及每个模型的间距。(图3-3-12)

（2）圆形阵列：模型绕一根轴按一定半径旋转摆放。在相对应处更改旋转轴、摆放的数目和旋转角度。(图3-3-13)

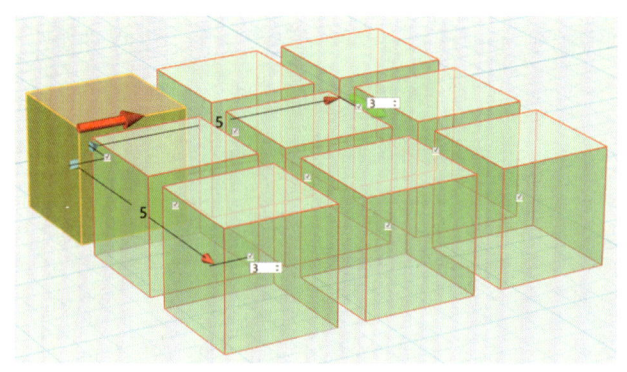

图3-3-12　线性阵列　　　　图3-3-13　圆形阵列

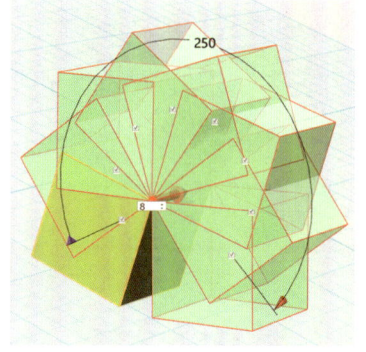

（3）在曲线上阵列：模型绕一根曲线的方向摆放。在相对应处更改摆放的数目及每个模型的间距。(图3-3-14)

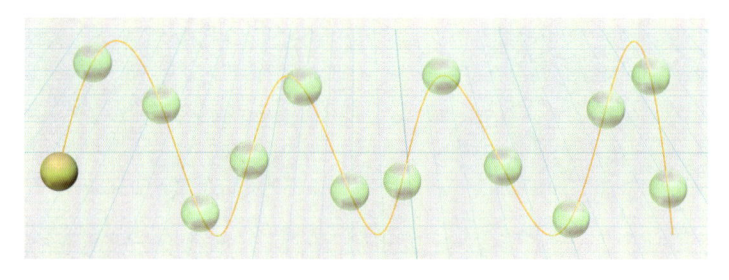

图3-3-14　曲线阵列

4.镜像

该功能可通过点击左侧工具栏中的"基本编辑✥"的子菜单中的"镜像◭"按钮来实现。该功能可使模型通过一条线或者面生成与它对称的模型,镜像后的模型与原模型无关联,可随意拖拽。(图3-3-15)

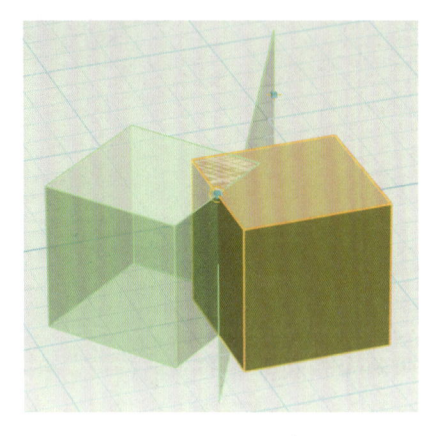

图3-3-15　镜像

5.DE移动

该功能可通过点击左侧工具栏中的"基本编辑✥"的子菜单中的"DE移动◆"按钮来实现。该功能可使模型的某一面移动,从而改变模型的形状。选定偏移面后可通过拖动智能手柄实现面的平移或旋转,也可通过在相对应处输入数值改变平移量或旋转量。(图3-3-16,图3-3-17)

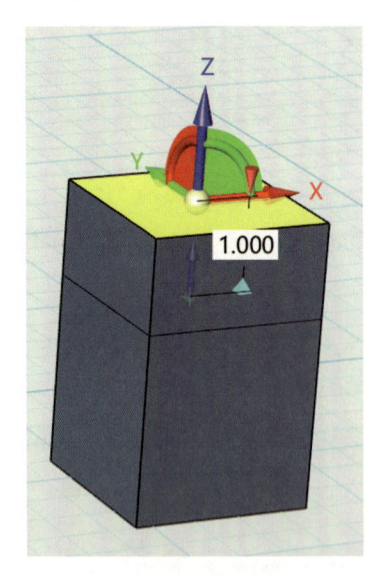

图3-3-16　面的平移　　　　图3-3-17　面的旋转

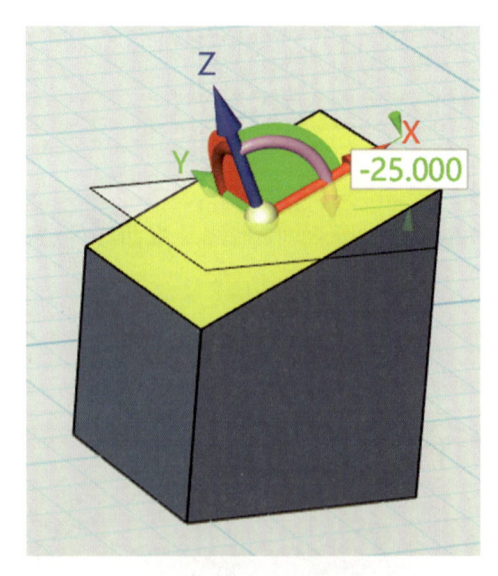

6.对齐移动

该功能可通过点击左侧工具栏中的"基本编辑✥"的子菜单中的"对齐移动📘"按钮来实现。该功能含有重合、相切、同心、平行、垂直、角度六种临时约束,可实现模型与模型之间的临时关系,但这并不是永久约束。(图3-3-18,图3-3-19)

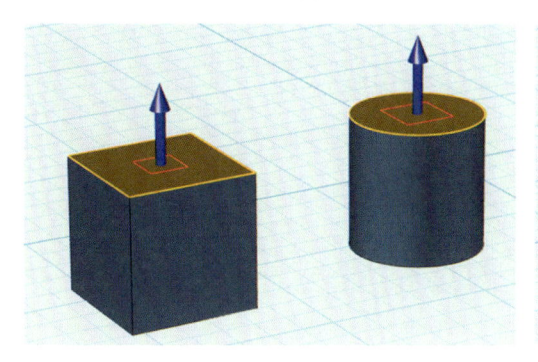

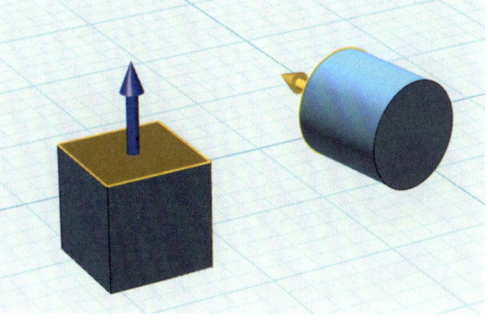

图3-3-18　对齐移动(1)　　　　　　　图3-3-19　对齐移动(2)

草图绘制3D模型

一、草图绘制

1.正多边形

在左侧工具栏中的"草图绘制"的子菜单中点击"正多边形"按钮,可以快速绘制出一个给定外接圆半径、边数的正多边形。用户可通过菜单设定正多边形外接圆的圆心坐标、正多边形的边数和横轴的角度,也可通过拖动智能手柄改变多边形外接圆的半径和横轴的角度。(图3-4-1)

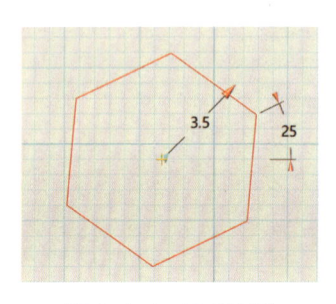

图3-4-1　正多边形

2.圆弧

在左侧工具栏中的"草图绘制"的子菜单中点击"圆弧"按钮,可以快速绘制出圆弧。用户可通过菜单设定圆弧两端点坐标值和圆弧半径。与其他大部分草图绘制功能不同的是,这个"圆弧"功能没有用来改变圆弧的智能手柄。(图3-4-2)

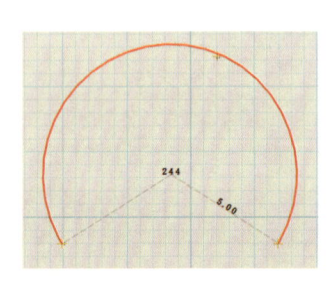

图3-4-2　圆弧

3.多段线

在左侧工具栏中的"草图绘制"的子菜单中点击"多段线"按钮,可以绘制出多段连续线段。此功能没有菜单设定功能,多段线上的点均通过鼠标点选得到,再修改多段线就只能通过鼠标拖拽直线实现。(图3-4-3)

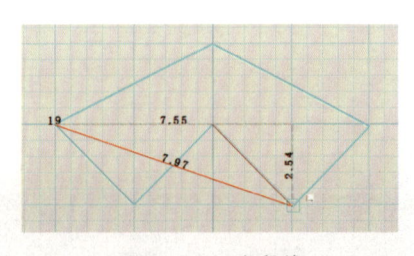

图3-4-3　多段线

4. 通过点绘制曲线

在左侧工具栏中的"草图绘制 ✎"的子菜单中点击"通过点绘制曲线 ⌒"按钮，可以绘制出样条曲线。用户可通过菜单设定每个点的坐标，也可通过拖动智能手柄使每个点的切线、曲率半径、相切权重发生变化来改变样条曲线的形状。（图3-4-4）

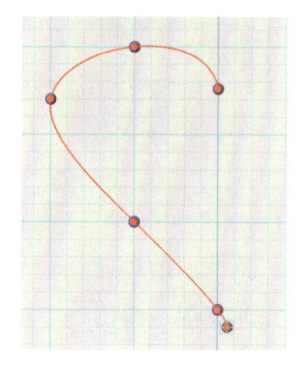

图3-4-4　通过点绘制曲线

5. 预制文字

在左侧工具栏中的"草图绘制 ✎"的子菜单中点击"预制文字 ▲"按钮，可以将文字直接转换为草图。用户可通过菜单设定文字左下角点坐标和文字内容，并且可通过拖动智能手柄改变文字的大小。此时得到的文字是以草图形式存在，并且可以进行拉伸、旋转、放样等操作。（图3-4-5）

图3-4-5　预制文字

6. 参考几何体

在左侧工具栏中的"草图绘制 ✎"的子菜单中点击"参考几何体 ✋"按钮，可以把模型的三维曲线投影到草图平面中变成二维曲线。先通过点选确定草图平面，再选择要投影的曲线，就可以将曲面模型投影到平面网格上了。（图3-4-6）

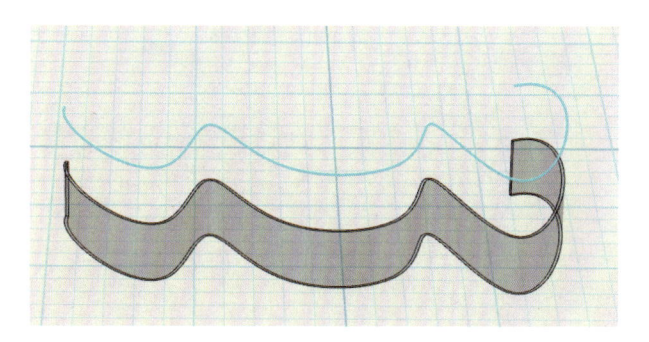

图3-4-6　参考几何体

二、草图编辑

1. 链状圆角

在左侧工具栏中的"草图编辑▢"的子菜单中点击"链状圆角▢"按钮,可以创建两条线间的圆角。在点选草图中的两条线后,用户可在菜单中设置圆角半径。该功能使草图显得圆滑美观,更加贴合审美。(图3-4-7,图3-4-8)

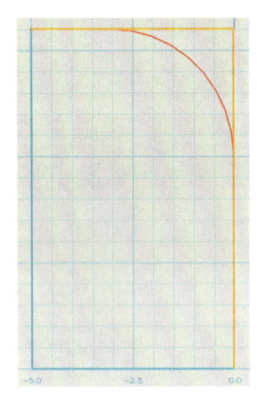

图3-4-7　链状圆角(1)　　图3-4-8　链状圆角(2)

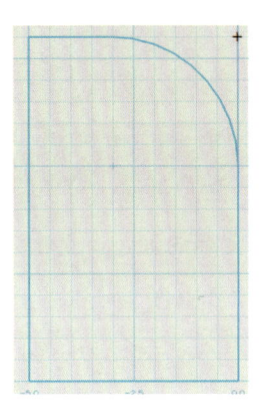

2. 链状倒角

在左侧工具栏中的"草图编辑▢"的子菜单中点击"链状倒角▢"按钮,可以创建两条线间的倒角。在点选草图中的两条线后,用户可在菜单中设置倒角距离,也可通过拖动曲线与直角交点改变倒角角度。(图3-4-9,图3-4-10)

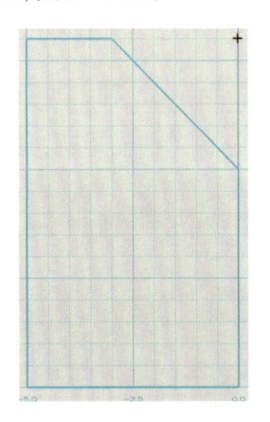

图3-4-9　链状倒角(1)　　图3-4-10　链状倒角(2)

3. 单击修剪

在左侧工具栏中的"草图编辑▢"的子菜单中点击"修剪 ✂"按钮,可以使已选线段自动修剪。用户可直接选择修剪线段,也可选择两点修剪其间线段。该功能在草图编辑中应用广泛,多用于复杂草图绘制时去掉多余的线段。(图3-4-11,图3-4-12)

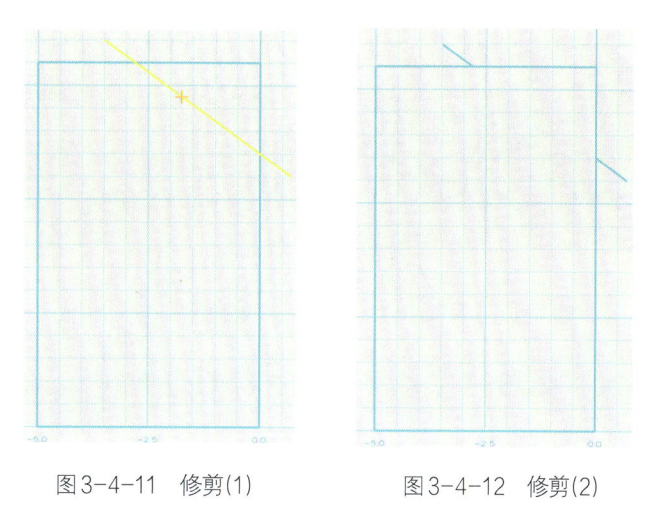

图3-4-11　修剪(1)　　图3-4-12　修剪(2)

4. 修剪/延伸曲线

在左侧工具栏中的"草图编辑▢"的子菜单中点击"修剪/延伸曲线 ✕"按钮,可以修剪/延伸一个点、一条曲线。该功能多用于复杂草图的绘制或对过度修剪的草图补救。(图3-4-13,图3-4-14)

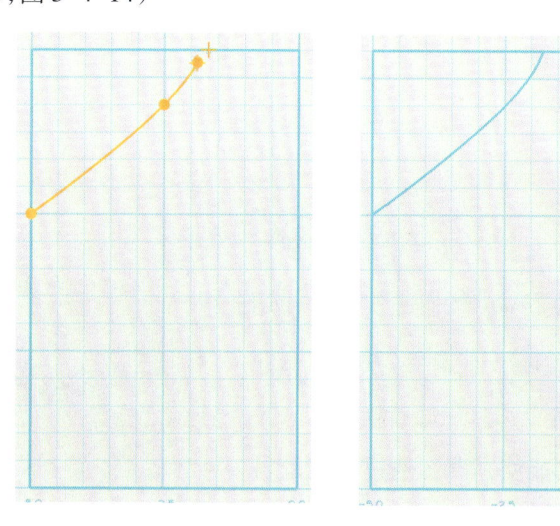

图3-4-13　修剪/延伸曲线(1)　　图3-4-14　修剪/延伸曲线(2)

5.偏移曲线

在左侧工具栏中的"草图编辑▱"的子菜单中点击"偏移曲线⤴"按钮,可以偏移直线、弧或曲线。用户可通过菜单设置偏移距离、选择偏移的方向或者两个方向都偏移。该功能多用于完全复制草图中的复杂曲线,并且偏移距离精确,适合绘制复杂草图。(图3-4-15)

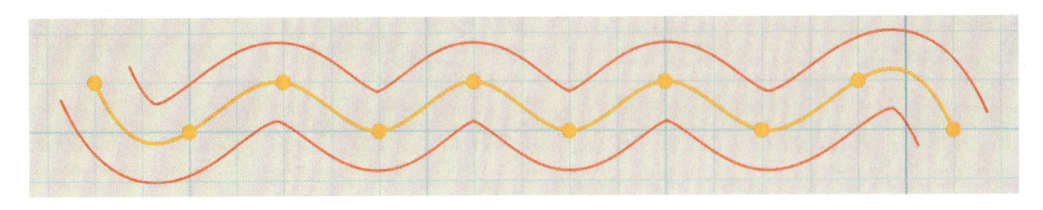

图3-4-15　偏移曲线

三、特征造型

1.拉伸

该功能可通过点击左侧工具栏中的"特征造型⬛"的子菜单中的"拉伸⬛"按钮来实现。使用该功能前要先通过草图创建一个拉伸特征,再把草图沿垂直草图方向拉伸成模型。用户可在拉伸菜单中设定拉伸距离、拔模角度、拉伸方向等,也可通过智能手柄调节拉伸距离和拔模角度。(图3-4-16)

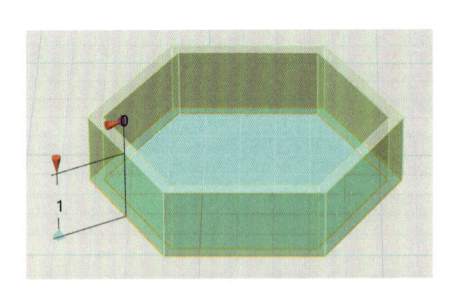

图3-4-16　拉伸

2.旋转

该功能可通过点击左侧工具栏中的"特征造型⬛"的子菜单中的"旋转⬛"按钮来实现。使用该功能前要先通过草图创建一个旋转特征,值得注意的是,这个旋转特征的草图只能旋转模型的一半图形。实质上"旋转"功能就是草图通过轴线旋转一圈或一定角度,从而形成模型。(图3-4-17)

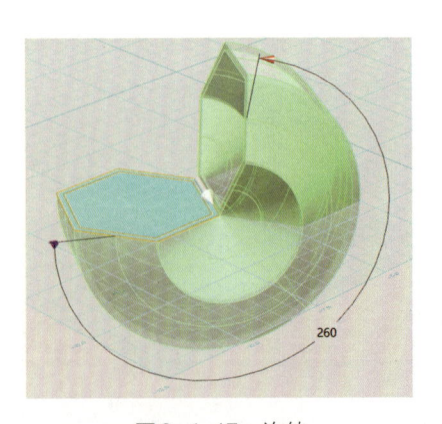

图3-4-17　旋转

3. 扫掠

该功能可通过点击左侧工具栏中的"特征造型 ✈"的子菜单中的"扫掠 🌀"按钮来实现。"扫掠"功能用一个开放或闭合的轮廓和一条扫掠轨迹，创建简单或变化的扫掠。实质上"扫掠"功能就是一个草图轮廓沿着一条路径移动，从而形成的模型。与"拉伸"功能不同的是，扫掠的路径可以是曲线，而"拉伸"功能只能沿着直线拉伸。在扫掠菜单中选择"扫掠轮廓"和"扫掠路径"即可得到扫掠模型。(图3-4-18)

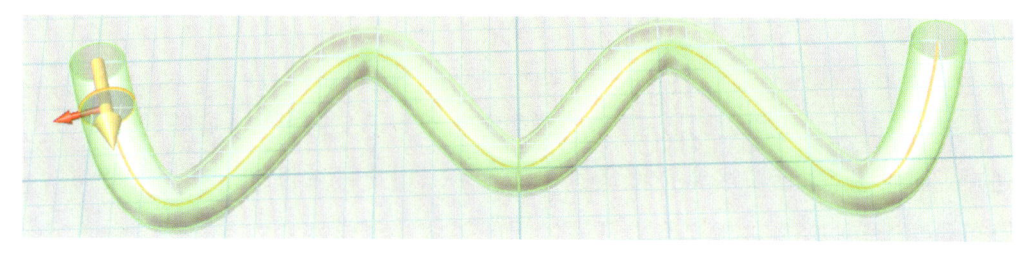

图3-4-18　扫掠

4. 放样

该功能可通过点击左侧工具栏中"特征造型 ✈"的子菜单中的"放样 🌐"按钮来实现。"放样"功能是通过连接多个封闭轮廓来构成封闭模型。选择轮廓时，多个轮廓要依次选择，并注意各轮廓的起始点、连接线的选择，否则放样出来的模型会与预期造型相差甚远。(图3-4-19)

图3-4-19　放样

5. 圆角

该功能可通过点击左侧工具栏中的"特征造型 ✈"的子菜单中的"圆角 🌀"按钮来实现。"圆角"功能与"草图编辑"中的"链状圆角"功能不同，它是在已有三维模型的边线上创建圆角，而"草图编辑"中的"链状圆角"功能是在二维草图中创建两条线之间的圆角。(图3-4-20)

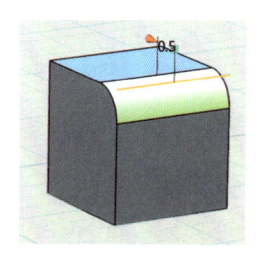

图3-4-20　圆角

6. 倒角

该功能可通过点击左侧工具栏中的"特征造型 ✈"的子菜单中的"倒角 🌀"按钮来实现。"倒角"功能与"圆角"功能相类似，也是在已有三维模型的边线上创建倒角。(图3-4-21)

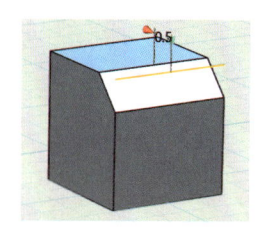

图3-4-21　倒角

7. 拔模

该功能可通过点击左侧工具栏中的"特征造型 "的子菜单中的"拔模 "按钮来实现。"拔模"功能可单独选择一个边进行拔模。用户可在菜单中设定拔模角度、选定拔模方向。（图3-4-22）

图3-4-22 拔模

8. 由指定点开始变形实体

该功能可通过点击左侧工具栏中的"特征造型 "的子菜单中的"由指定点开始变形实体 "按钮来实现。该功能可通过点来使模型变形，达到一种"泥捏"的效果。用户可通过菜单设定变形的方向和距离，也可通过智能手柄实现模型变形。（图3-4-23）

图3-4-23 由指定点开始变形实体

四、特殊功能

1. 抽壳

在左侧工具栏中的"特殊功能 "的子菜单中点击"抽壳 "按钮，可以将模型的内部全部去掉，仅留下外围的壳。菜单中厚度一栏值为正的时候壁厚向模型外部伸展，值为负的时候壁厚向模型内部伸展，开放面为模型的开口面。（图3-4-24）

图3-4-24 抽壳

2. 扭曲

在左侧工具栏中的"特殊功能 "的子菜单中点击"扭曲 "按钮，可以将一个模型自行扭曲一个角度，类似拧麻花。用户可在菜单中调节扭转的范围及扭曲角度，从而得到不同的扭曲效果。（图3-4-25）

图3-4-25 扭曲

3. 圆环折弯

在左侧工具栏中的"特殊功能■"的子菜单中点击"圆环折弯▱"按钮,可以在弯曲的基础上将模型变形成环形,类似将一段圆管截下一部分再进行弯曲变形。模型的环形度和弯曲度都是可以用半径或角度来表示的。(图3-4-26)

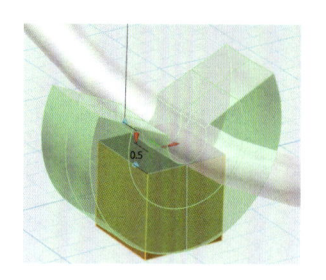

图3-4-26　圆环折弯

4. 浮雕

在左侧工具栏中的"特殊功能■"的子菜单中点击"浮雕▫"按钮,可以在曲面上将图片转变成立体的浮雕造型。用户可在菜单中设定浮雕的最大偏移量及图片的宽度。(图3-4-27)

图3-4-27　浮雕

5. 镶嵌曲线

在左侧工具栏中的"特殊功能■"的子菜单中点击"镶嵌曲线▱"按钮,可以将曲线镶嵌在曲面上。在菜单中如果不选择拉伸方向则默认为垂直曲面拉伸,此功能常与"投影曲线"功能配合使用。(图3-4-28)

6. 实体分割

在左侧工具栏中的"特殊功能■"的子菜单中点击"实体分割▱"按钮,可以利用一个开放面分割一个模型或面。使用该功能的前提是有被分割的模型或面,并且开放面与被分割的模型或面要相交。(图3-4-29)

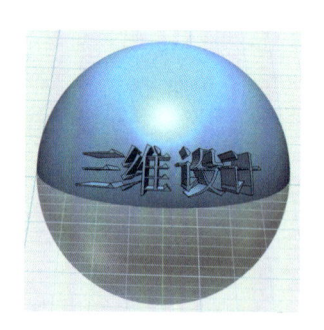

图3-4-28　镶嵌曲线

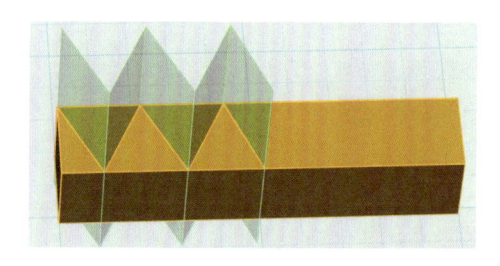

图3-4-29　实体分割

7. 圆柱折弯

在左侧工具栏中的"特殊功能"的子菜单中点击"圆柱折弯"按钮,可以将模型弯曲,类似把钢尺中间固定,用手压两端得到一个新模型,但模型的弯曲度是一个圆柱。用户可在菜单中设定半径值或者角度值。(图3-4-30)

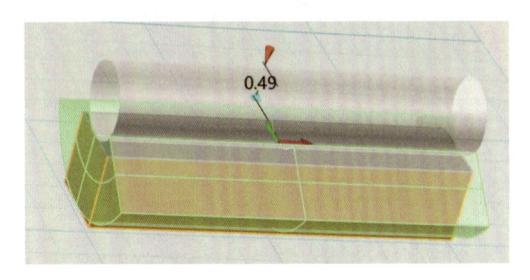

图3-4-30　圆柱折弯

8. 锥削

在左侧工具栏的"特殊功能"的子菜单中点击"锥削"按钮,可以改变一个面与另一个面的角度。用户可在菜单中设定锥形的范围及锥削因子。(图3-4-31)

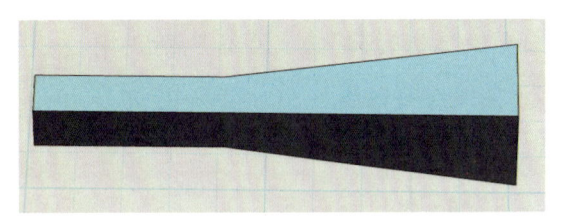

图3-4-31　锥削

五、组合编辑

在左侧工具栏中点击"组合编辑"按钮,可以对多个基体做布尔运算。布尔运算包括:加运算、减运算、交运算。(图3-4-32)

注:

(1)基体和合并体至少有一个实体。

(2)基体和合并体一定要有相交部分。

(3)边界的选择可以改变运算的结果。

图3-4-32　组合编辑

1. 加运算

加运算是将多个模型合并成一个模型,因此在进行合并运算前,应选择两个或两个以上的模型进行运算。

2. 减运算

减运算是从一个模型(被减数)减去另一个模型(减数),即去除两个模型的公共部分,保留作为"被减数"模型的剩余部分。

3. 交运算

交运算只截取两个模型的公共部分。要完成交运算,必须要有两个或两个以上的模型,并且模型之间要相关(即要有公共部分)。

第四章

小小设计师

第1节 鲁班锁的制作

一、榫卯结构

中国古建筑以木材、砖瓦为主要建筑材料,以木构架结构为主要结构方式,此结构方式由立柱、横梁、顺檩等主要构件建造而成,各个构件之间的结点以榫卯相吻合,构成富有柔性的框架。(图4-1-1)

图4-1-1 中国古建筑

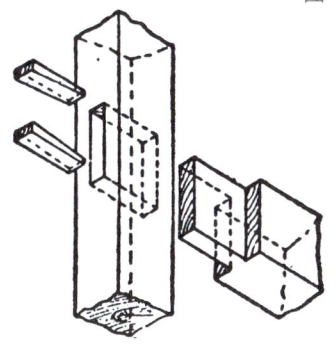

图4-1-2 榫卯结构(1)

榫卯结构是在两个木构件上所采用的一种凹凸结合的连接方式。凸出部分叫榫(或榫头),凹进部分叫卯(或榫眼、榫槽),榫和卯咬合,起到连接作用。这是中国古代建筑、家具及其他木制器械的主要结构方式。榫卯结构是榫和卯的结合,是木件之间多与少、高与低、长与短之间的巧妙组合,可有效地限制木件向各个方向的扭动。最基本的榫卯结构由两个构件组成,其中一个的榫头插入另一个的卯眼中,使两个构件连接并固定。榫头伸入卯眼的部分被称为榫舌,其余部分则称作榫肩。(图4-1-2至图4-1-4)

图 4-1-3　榫卯结构(2)　　　　　图 4-1-4　榫卯结构(3)

榫卯结构是极为精巧的发明,这种构件连接方式,使得中国传统的木结构成为超越了当代建筑排架、框架或者刚架的特殊柔性结构体。其不但可以承受较大的荷载,而且允许产生一定的变形,在地震荷载下通过变形抵消一定的地震能量,减小结构的地震响应。(图 4-1-5,图 4-1-6)

图 4-1-5　榫卯结构(4)　　　　　图 4-1-6　榫卯结构(5)

二、鲁班锁

鲁班锁是一个经典的榫卯结构。其制作方法如下。(图 4-1-7)

步骤一:准备三根相同尺寸的木条。

步骤二:分别画出沿木条长棱和短棱方向的中心线,四个面都要画出;以两条中心线为基准按照各构件图上的尺寸画线;画线线条要细一些,以免锯割加工时误差太大;将加工过程需要去掉部分用铅笔打上"×"标记。

图 4-1-7　鲁班锁

步骤三:对切割出的部件进行开槽。

步骤四:使用凿子对开槽时凹凸不平的面进行修整,再使用砂纸对部件进行打磨。

步骤五:用锉刀仔细修整,直至能较紧密组合。

第2节 创意手机支架设计

手机逐渐成为人们生活中不可或缺的电子产品之一，它便于携带，但是没有固定的支点，这是造成许多人长期使用手机后患上颈椎病的原因之一。因此使用手机支架就很有必要。手机支架会起到一个支撑的作用，减轻人们因长期使用手机而造成的身体不适。（图4-2-1）

设计和制作前需要了解手机支架的结构形状。通过观察手机支架实体，确定手机支架大致形状、尺寸，从而设计手机支架3D模型。

图4-2-1　手机支架

某种手机支架由一个底座、两个支撑架和一个固定轴组成（也可能附带夹子）。（图4-2-2）

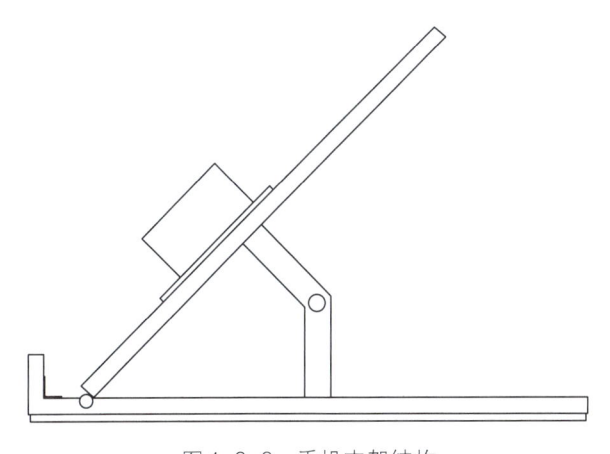

图4-2-2　手机支架结构

一、设计支架底座

手机支架底座的大小取决于手机的大小。通常来说,主流手机的长度约15厘米,厚度约8毫米,宽度约7厘米。(图4-2-3)

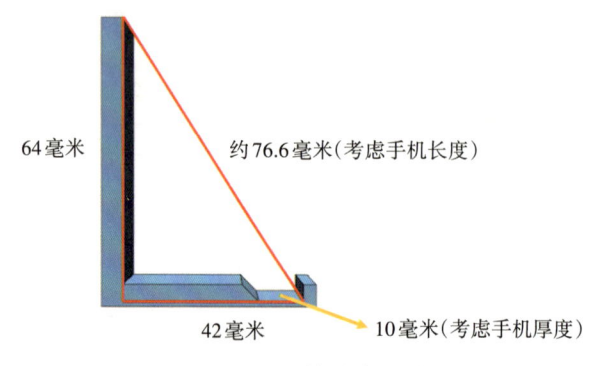

图4-2-3　手机支架尺寸

二、设计挡板(镜像)

在设计挡板时,通常会用到"镜像"功能。(图4-2-4)

(1)在左侧工具栏中的"基本编辑 ✥"的子菜单中点击"镜像▲"按钮。

(2)选择镜像的实体。

(3)选择镜像线。

(4)点击确定。

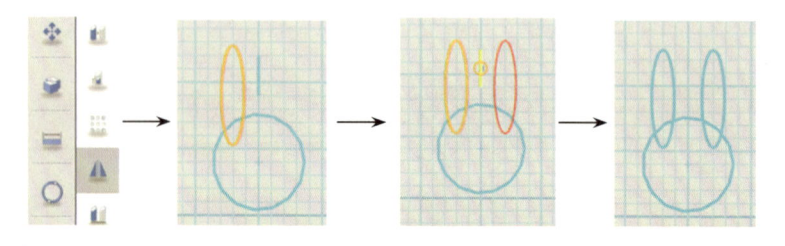

图4-2-4　镜像过程

三、个性化设计(预制文字)

手机支架设计好后,还可以进行一些个性化设计,比如添加文字。(图4-2-5)

(1)在左侧工具栏中的"草图绘制 ✎"的子菜单中点击"预制文字▲"按钮。

(2)选择草图绘制平面。

（3）确定文字原点、内容。

（4）调整文字样式。

（5）完成文字草图的绘制。

（6）利用拉伸进行雕刻。

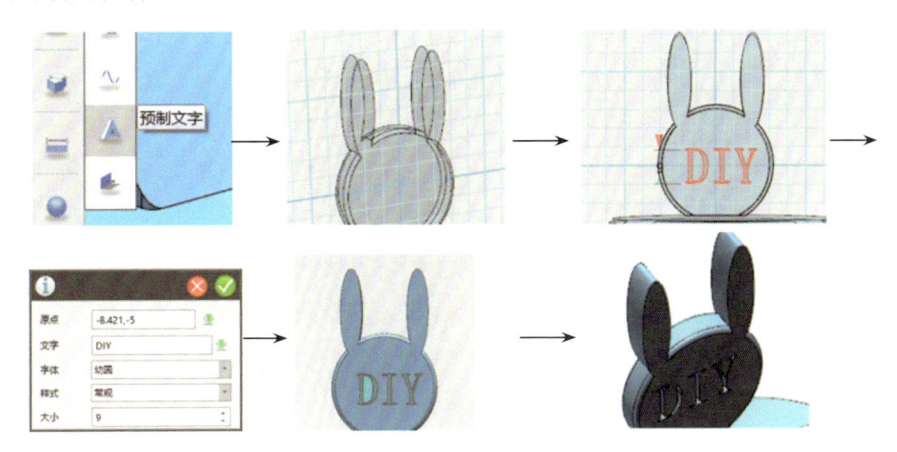

图 4-2-5　预制文字过程

四、设计案例

以下是手机底座的一些设计案例。（图4-2-6）

图 4-2-6　部分设计案例

第五章

桥梁设计师

第 1 节

认识桥都文化

重庆是一座山城,到处都是山;也可以说重庆是一座水城,到处都有河流。山谷水流之间,自然需要很多桥梁。重庆的桥梁如今已经超过10 000座!(图5-1-1)

2009年,"茅以升论坛"在重庆举办时,专家们同意称重庆为"中国桥都"。当然,桥梁的多少并不能让一座城市变成桥都,要成为桥都,还必须具备更有力的理由。在这里,我们研究一下为什么重庆可以被称为"桥都"的理由。

图5-1-1 重庆先进的桥梁

茅以升先生设计的钱塘江大桥是中国自行设计和建造的第一座铁路、公路两用双层桥。而重庆的嘉陵江大桥,应该是继钱塘江大桥之后,国内自主设计和建造的最早的大跨度钢桥之一。所以,在国内重庆的大跨度钢桥——嘉陵江大桥是"先驱者"。

1981年,重庆长江大桥是当时最大跨度的预应力混凝土桥。这座桥原来是依照每天20 000辆车的流量设计的,后来实际的车流量远远超过了这个数字。所以,现必须在原桥的旁边加建一座新的复线桥。复线桥的桥墩须与旧桥的桥墩对应。但是,航运部门认为,当两座桥的桥墩并排在一起时,会引起河上的船舶操控困难,所以两个主航道中间不能设桥墩。因此,从技术上而言,复线桥设计为斜拉桥或者拱桥会比较合理。但新桥紧贴着旧桥,旧桥是梁桥,从美观上来考虑,新桥也应该是梁桥才能与之匹配。所以,新建的复线桥利用钢结构和预应力混凝土结构各自的优点,使用了钢和混凝土的组合结构,使连续刚构桥跨越能力增强,结构行为更趋合理,从而解决了这座大桥的技术问题,其设计理念以及建设技术具有创新性。(图5-1-2)

图5-1-2　重庆长江大桥

　　涪陵乌江大桥,一座混凝土拱桥,于1989年通车,采用了当时先进的转体施工方法;万州长江大桥,于1997年通车,是长江上第一座单孔跨江公路大桥,也是当时世界上跨径和规模最大的钢筋混凝土拱桥;朝天门长江大桥,于2009年通车,是当时世界上跨度最大的拱桥。

图5-1-3　重庆不同种类的桥梁

世界上目前所有的桥梁，主要分为四大类：拱桥、梁桥、斜拉桥和悬索桥。这四类桥梁在重庆都能找到。(图5-1-3)

在拱桥方面，重庆除了有涪陵乌江大桥和朝天门长江大桥之外，还有巫山长江大桥、菜园坝大桥等，这些都是世界级的大拱桥。

在梁桥方面，除了重庆长江大桥、嘉陵江大桥等有名的梁桥之外，重庆还建造了黄花园大桥、嘉华大桥、渝澳大桥等大跨度的梁桥。

在斜拉桥方面，重庆有嘉陵江石门大桥、李家沱大桥、涪陵乌江二桥等。

> 东水门长江大桥、千厮门嘉陵江大桥和嘉悦大桥又是另外一类新桥型，都是根据索辅梁桥的理念设计的斜拉索辅梁桥，但看起来像普通的斜拉桥。

在悬索桥方面，因为重庆的河流宽度不大，适合特大跨度的悬索桥的桥址不多，因此悬索桥在重庆较少，比较有代表性的有鹅公岩大桥和寸滩长江大桥。

所以可以说，重庆的桥梁种类十分齐全。

重庆桥梁在中国是有一定地位的。长江自西而东，横跨中国，全长6 363千米。在其上已经建成通车的大桥已有上百座，其中约32%的桥梁都在重庆，这是一个可以引以为傲的纪录。

另外，重庆桥梁在世界上也有一定的影响力。每一类桥梁都有一个世界纪录，就是最大的跨度。在这四类桥梁的世界纪录中，重庆占了两个：330米主跨的梁桥——重庆长江大桥复线桥；552米主跨的拱桥——朝天门长江大桥。这是相当惊人的。

图5-1-4　重庆桥梁的美

重庆的桥梁很美。美,当然是很主观的事情。同一座桥,不同的人可能有不同的评价。但是,如果我们以大众的意见为标准的话,重庆桥梁的美应该是无可置疑的。从菜园坝长江大桥的娇艳到朝天门大桥的壮观,从重庆两江大桥的优雅到嘉悦大桥的飘逸,从蔡家轨道大桥的现代美到合川涪江一桥的古典美,形形种种,美不胜收!(图5-1-4)

综上所述,重庆的桥梁有技术先进、种类齐全、造型美观等特点,因此重庆可称为"中国桥都"。

第2节 桥梁结构知识

一、桥梁的基本组成

桥梁指的是架在水面上或空中以便行人、车辆等通行的构筑物。

桥梁一般由上部结构（桥跨结构）、下部结构（桥台、桥墩和基础）、支座和附属构造物（锥形护坡、护岸和导流工程等）组成。（图5-2-1）

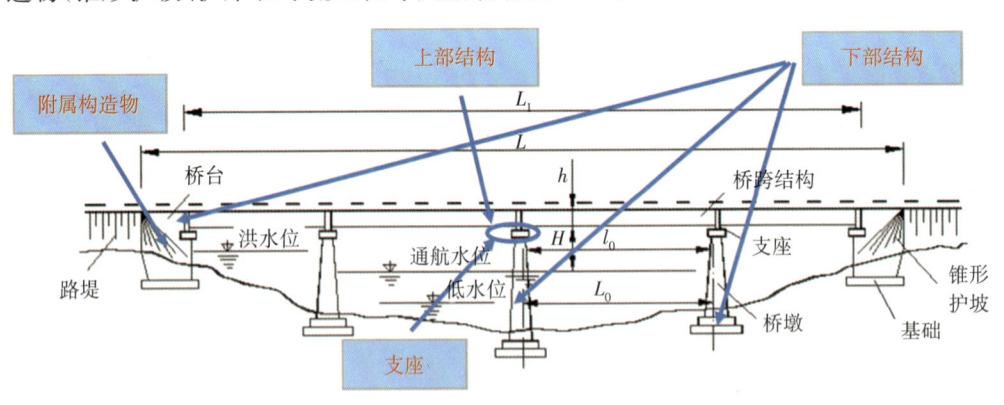

图5-2-1 桥梁基本组成

1.上部结构

上部结构又称桥跨结构，是在路线中断时跨越障碍的主要承重结构。

2.下部结构

桥台，位于桥梁两端，支撑桥梁上部结构并和路堤相衔接的建筑物。其功能除传递桥梁上部结构的荷载到基础外，还具有抵挡桥台背后的填土压力、稳定桥头路基、使桥头线路和桥上线路可靠而平稳地连接的作用。

桥墩,桥梁下面的墩子,在两桥台之间,其作用是支撑桥跨结构。

基础,是桥墩和桥台使全部荷载传至地基的底部奠基部分。它是确保桥梁能安全使用的关键。

3. 支座

支座,是桥跨结构与桥墩或桥台的支撑处所设置的传力装置。它不仅要传递很大的荷载,还要保证桥跨结构能产生一定的变位。

4. 附属构造物

修建桥梁时,除了上述基本结构外,还会根据需要在路堤与桥台衔接处、桥台的两侧设置石砌的锥形护坡,以保证路堤迎水部分的稳定。另外,为保护桥台和路堤填土,桥台两侧常做一些护岸和导流工程。

二、桥梁的基本体系

目前人们所见到的桥梁,种类繁多。它们都是在长期的生产活动中,通过反复实践和不断总结逐步发展起来的。

为了对各种类型的桥梁结构有个概略的认识,下面进行简要分析说明。分析说明内容从受力角度简要地对主要的桥梁结构形式做了描述,未能做到全覆盖,更没有作严谨的力学推导,仅仅是从概念上阐述而已。

1. 梁桥

随着人们对桥梁跨越能力的更大需求,对于梁桥而言,就要提高梁的跨越能力,并设法降低梁的弯曲应力。有两个途径可以达到此种效果,一是增加桥墩形成连续梁桥或连续刚构,二是加大截面抗弯刚度。从受力角度看,在同样的截面尺寸、材料和所受弯矩情况下,连续梁的跨度可以比简支梁大很多。加大截面抗弯刚度最好的方法是加大截面高度,而在加大截面高度的同时,把梁中性轴附近的材料减少则有助于减轻结构自重,于是就出现了工字截面、箱形截面、桁架等形式的梁。1890年建成的英国福斯桥就是一座典型的悬臂桁梁带挂孔的桥梁。(图5-2-2)

图5-2-2　英国福斯桥

2. 斜拉桥和板拉桥

斜拉桥可以看作是梁桥的扩展类型。斜索为主梁提供了中间支撑,同时其水平分力还提供了轴向压力,相当于预应力,从而提高了梁的跨越能力,或者说减小了梁内的弯曲应力。对于矮塔斜拉桥,斜索的作用更像体外预应力束,桥塔的作用更像体外预应力束的支撑结构。(图5-2-3)

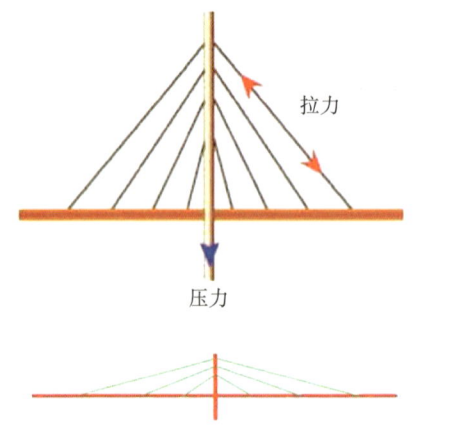

图5-2-3　斜拉桥

板拉桥可看作是刚性斜索的矮塔斜拉桥,也可以看作是一个刚性桁架,或者一个空腹式桁梁。

3. 悬索桥和拱桥

由于悬索和拱以承受轴力为主,所以比以受弯为主的梁具有更大的跨越能力。另外,悬索可以采用高强钢丝材料,且受拉不会失稳,因而跨越能力比以受压为主的拱更大。当把桥面通过吊杆或者立柱支撑在悬索或者拱上时,就构成了悬索桥和拱桥。

悬索桥的主缆是主要承重结构。其缆索几何形状由力的平衡条件决定,一般接近抛物线。从缆索垂下许多吊杆,把桥面吊住,在桥面和吊杆之间常设置加劲梁,同缆索形成组合体系,以减小荷载所引起的挠度变形。悬索桥中最大的力是缆索中的张力和塔架中的压力。由于塔架基本上不受侧向的力,它的结构可以做得相当纤细,此外缆索对塔架还有一定的稳定作用。(图5-2-4)

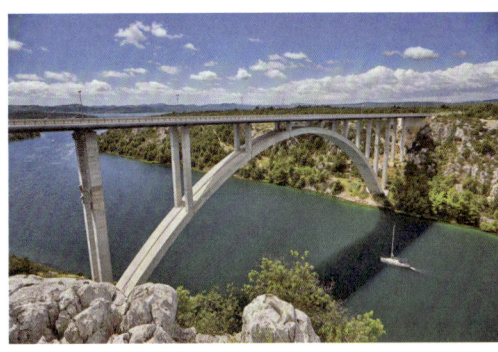

图5-2-4 悬索桥　　　　　　　　　　图5-2-5 拱桥

拱桥是以承受轴向压力为主的拱圈(拱肋)作为主要承重构件的桥梁。拱结构由拱圈(拱肋)及其支座组成。拱桥可用砖、石、混凝土等抗压性能良好的材料建造,大跨度拱桥则用钢筋混凝土或钢材建造。当拱桥的立柱间距为零时,就变成了实腹拱,即在拱桥拱圈上腹部两侧填实土壤或粒料后铺装路面。(图5-2-5)

4.斜腿刚构桥

斜腿刚构桥的主梁中有较大的弯矩,这是梁桥的受力特征。但同时其主梁和斜腿内也有较大的轴向压力,并且其支撑处有较大的水平推力,这又是拱桥的受力特征。因此,斜腿刚构桥可以看作是梁和拱的组合体系桥梁。Y型墩连续刚构桥也可以看作是斜腿刚构桥,不同的是在桥墩处相邻两跨的水平推力可以全部或部分抵消。(图5-2-6)

图5-2-6 斜腿刚构桥

第3节 简单的承重结构的制作

一、实践活动

设计并制作一个能独自承重的结构,并且能放在结构测试器里面进行承重测试。
材料:细木条、速干胶……

二、尺寸要求

(1)结构总重量不得超过40克。

(2)结构高度必须至少有19厘米,并且不超过23厘米。

(3)结构必须是一个单一个体,能独自承重。放置数个独立的部件在测试器内是不符合规定的。

(4)当结构放在测试器底座时,结构必须完全在测试器里面。

(5)结构必须有一个由上而下的开口,可以轻易贯穿测试器里的一根圆柱。测试器的圆柱外圆直径6厘米。

(6)结构只允许接触测试器的底座表面、承重板的底部表面以及安全圆柱。

三、评分标准

(1)结构上面所压放的总重量,包括所有杠铃片以及承重板的重量,称为"总承重"。

(2)自定义:总承重系数=总承重(千克)÷结构重量(克)。总承重系数为总承重(千克)除以结构重量(克,精确度为小数点后1位)所得的商(四舍五入取两位小数点)。

承重结构示例及测试。(图5-3-1,图5-3-2)

图5-3-1　承重结构

图5-3-2　承重测试

第4节

桥梁设计

一、发挥你的想象力，完成桥梁设计图

桥梁设计表

桥名：	姓名：	班级：
设计图：		

续表

桥名：	姓名：	班级：

修改后的设计图：

可参考以下角度作图，分别为：桥梁结构图、梁式桥、梁桥形式示意图。（图5-4-1）

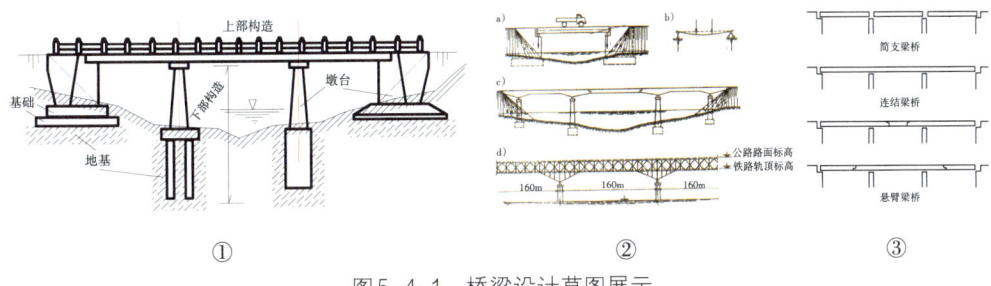

① ② ③

图5-4-1 桥梁设计草图展示

二、学生设计图欣赏

以下是学生的一些设计图。(图5-4-2)

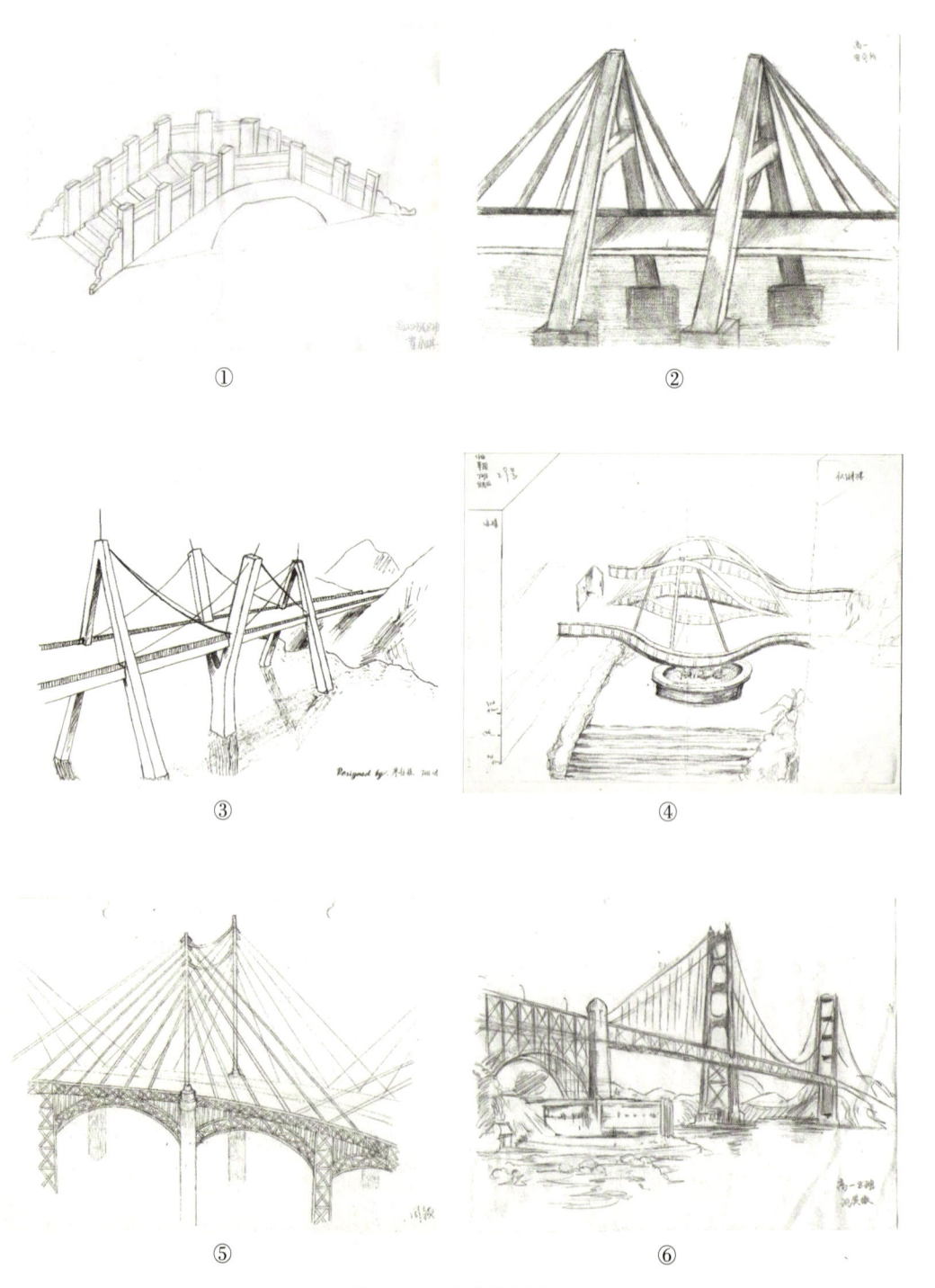

① ②

③ ④

⑤ ⑥

图5-4-2 部分设计图

三、桥梁3D建模欣赏

以下是学生设计的一些桥梁3D模型。(图5-4-3)

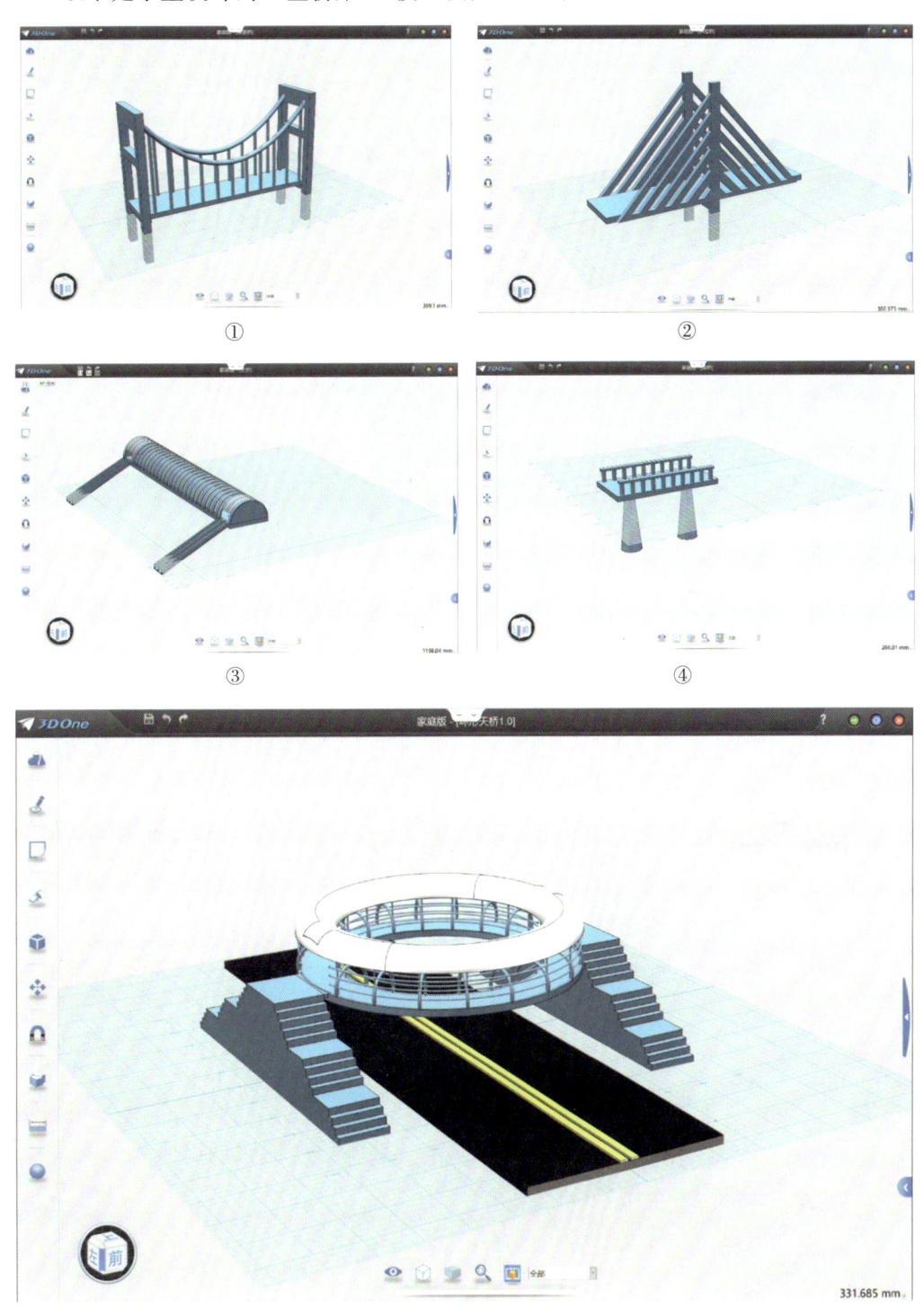

① ②

③ ④

⑤

图5-4-3 部分桥梁3D模型